乡村振兴战略中的互联网技术应用系列

特色小镇网络设计与布线

主 编 韩彩云

北京邮电大学出版社
·北京·

内 容 简 介

习近平总书记在十九大报告中指出要加强生态文明建设、推进绿色发展战略,要实施乡村振兴战略,坚持农业农村优先发展。这为特色小镇及美丽乡村建设指明了新时代的方向。新时代下支持特色小镇产业发展,是为了推动农村或城乡结合地区经济发展,带动当地劳动力就业,提升当地人民生活水平。在建设特色小镇的过程中,计算机网络的设计与布线是其中重要的一个环节。本书由浅入深地介绍了组网所需的网络设备、综合布线过程的基本操作技能、服务器的搭建、交换机和路由器的基本配置等内容。本书内容通俗易懂,针对性强,使特色小镇建设者在读完后,对网络的组网到配置管理有一个全面的了解,为乡村振兴战略的实施提供有力保证。

图书在版编目(CIP)数据

特色小镇网络设计与布线/韩彩云主编. -- 北京:北京邮电大学出版社,2018.3(2019.11重印)
ISBN 978-7-5635-5426-3

Ⅰ.①特… Ⅱ.①韩… Ⅲ.①小城镇—城市建设—计算机网络管理—研究—中国
Ⅳ.①F299.21②TP393.07

中国版本图书馆 CIP 数据核字(2018)第 061724 号

书　　名	特色小镇网络设计与布线
主　　编	韩彩云
责任编辑	韩　霞
出版发行	北京邮电大学出版社
社　　址	北京市海淀区西土城路 10 号(100876)
电话传真	010-82333010　62282185(发行部)　010-82333009　62283578(传真)
网　　址	www.buptpress3.com
电子信箱	ctrd@buptpress.com
经　　销	各地新华书店
印　　刷	北京玺诚印务有限公司
开　　本	720 mm×1 000 mm　1/16
印　　张	9
字　　数	176 千字
版　　次	2018 年 3 月第 1 版　2019 年 11 月第 2 次印刷

ISBN 978-7-5635-5426-3　　　　　　　　　　　　　　　　定价:18.50 元

如有质量问题请与发行部联系

版权所有　侵权必究

前　言

习近平总书记在十九大报告中指出要加强生态文明建设、推进绿色发展战略，要实施乡村振兴战略，坚持农业农村优先发展。这为特色小镇及美丽乡村建设指明了新时代的方向。新时代下支持特色小镇产业发展，是为了推动农村或城乡结合地区经济发展，带动当地劳动力就业，提升当地人民生活水平。在建设特色小镇的过程中，计算机网络的设计与布线是其中重要的一个环节。本书由浅入深地介绍了组网所需的网络设备、综合布线过程的基本操作技能、服务器的搭建、交换机和路由器的基本配置等内容。

全书分为4章内容。第1章主要介绍特色小镇的基本情况。第2章以组网为主线，介绍了组网中使用的各类网络设备，并配有相应的讲解；各类网线的制作方法、模块的压接方法以及网络的连接。第3章以网络管理为主线，介绍了服务器的搭建、思科模拟器的使用方法、在思科模拟器上对交换机和路由器进行配置。第4章介绍了某特色小镇网络设计与布线综合案例。

本书内容通俗易懂，针对性强，使特色小镇建设者在读完后，对网络的组网到配置管理有一个全面的了解，为乡村振兴战略的实施提供有力保证。

目 录

第1章　特色小镇简介 ………………………………………………………… 1

  1.1　特色小镇的概念及特征 …………………………………………………… 1

    1.1.1　特色小镇的概念 ……………………………………………………… 1

    1.1.2　特色小镇的特征 ……………………………………………………… 2

  1.2　特色小镇的发展历程 ……………………………………………………… 3

  1.3　网络布线在特色小镇中的重要性 ………………………………………… 4

第2章　网络工程 ……………………………………………………………… 5

  2.1　认识网络工具和设备 ……………………………………………………… 5

    2.1.1　网线钳 ………………………………………………………………… 5

    2.1.2　测线器 ………………………………………………………………… 6

    2.1.3　水晶头 ………………………………………………………………… 7

    2.1.4　双绞线 ………………………………………………………………… 7

    2.1.5　信息模块 ……………………………………………………………… 9

    2.1.6　剥线钳 ………………………………………………………………… 9

    2.1.7　打线钳 ………………………………………………………………… 10

    2.1.8　小型机 ………………………………………………………………… 11

    2.1.9　服务器 ………………………………………………………………… 11

    2.1.10　交换机 ……………………………………………………………… 12

  2.2　网线的制作方法 …………………………………………………………… 13

  2.3　信息模块的压接 …………………………………………………………… 16

  2.4　网络连接 …………………………………………………………………… 18

第3章　网络管理 ……………………………………………………………… 24

  3.1　Linux 管理与设置 ………………………………………………………… 24

3.2 思科模拟器的使用 ………………………………………………… 35
3.3 交换机的配置 ………………………………………………………… 41
　3.3.1 二层交换机的配置 …………………………………………… 41
　3.3.2 三层交换机的配置 …………………………………………… 56
3.4 路由器的配置 ………………………………………………………… 65
　3.4.1 路由器的基本配置 …………………………………………… 65
　3.4.3 静态路由的配置 ……………………………………………… 72
　3.4.4 动态路由的配置-RIP ………………………………………… 78
　3.4.5 动态路由的配置-OSPF ……………………………………… 85
　3.4.6 IP访问控制列表的配置 ……………………………………… 91
　3.4.7 网络地址转换-NAT …………………………………………… 99

第4章 特色小镇网络配置实例 ……………………………………… 104

附录A 常用光缆和收发器型号表 …………………………………… 125

附录B 19英寸规范标准机柜尺寸表 ………………………………… 127

附录C Linux配置命令 ………………………………………………… 129

第 1 章 特色小镇简介

中国特色小镇是指国家发展改革委、财政部及住建部决定在全国范围开展特色小镇培育工作,计划到 2020 年,培育 1 000 个左右各具特色、具有活力的休闲旅游、商贸物流、现代制造、教育科技、传统文化、美丽宜居等特色小镇,引领带动全国小城镇建设。2016 年 10 月 14 日,住建部公布了第一批中国特色小镇名单,涉及 32 省份共 127 个。在各地推荐的基础上,经专家复核,由国家发展改革委、财政部及住建部共同认定得出。特色小镇是在新的历史时期、新的发展阶段的创新探索和成功实践。

培育特色小镇的主要目的是促进有条件的镇更好地发展。由于一些体制机制的限制,不利于一些小镇参与到市场化竞争中,因此挖掘一些有潜力、有特色的小镇,通过一些产业的发展不仅可以带动经济的发展也可以吸纳小镇周边一部分农村劳动力就业。

1.1 特色小镇的概念及特征

1.1.1 特色小镇的概念

特色小镇是指依赖某一特色产业和特色环境因素(如地域特色、生态特色、文化特色等),打造的具有明确产业定位、文化内涵、旅游特征和一定社区功能的综合开发项目。

顾名思义,"特色小镇","特"指的是小镇要有特色,要有"一招鲜",特色小镇在建设的过程中要规避城市建设中风格趋同的现象。大中型城市,因其城市功能发挥的需要,建设城市效率的要求,以及城市规划的多变性和多期性,难以统一规划的风格而整体体现出该城市特点。但特色小镇有所不同,其需要彰显出特色,以吸引瞩目,而小镇风貌正是特色小镇突出特色的一大途径,也是最为直观的方式。

同时,特色小镇的建设面积和规划面积都有限,因此统一风貌特点,外观上凸显小镇特色,也有实现的可能性。"色"指的是小镇的外观形态较为动人和缤纷,即特色小镇要有宜人的风貌与宜居的环境。特色小镇的最终目标是要形成一个围绕特色产业,同时发展旅游,彰显地方文化,拥有一定居民的小镇生活区域,因此作为一个生活区,小镇要为当地的居民提供舒适的生活环境。作为一个风景区,小镇也要提供一个能吸引游客前来观光、休闲的环境。"小"指的是规模,与大城市的大规模建设相对,其虽然小,但小而美,小而专。"镇"与"村"相对,尽管其规模有限,但是其具有与其规模相对应的城镇化的生活、生产条件。作为城镇,特色小镇所能提供的城镇服务质量与大中型城市相比不能大打折扣。

因此,特色小镇概念中最为关键的是"特"字,其"特"在形态(独特的小镇风貌＋错落的空间结构),"特"在产业(特色产业＋旅游产业),"特"在功能(产业功能＋文化功能＋旅游功能＋社区功能),特在机制(以政府为引导、以企业为主体的市场化开发运营机制)。

1.1.2　特色小镇的特征

特色小镇建设特色主要表现为产业上坚持特色产业、旅游产业两大发展架构;功能上实现"生产"＋"生活"＋"生态",形成产城乡一体化功能聚集区;形态上具备独特的风格、风貌、风尚与风情;机制上是以政府为主导、以企业为主体、社会共同参与的创新模式。

首先,在规模上,特色小镇要求其规划空间要集中连片,规划面积控制在3～5平方公里(不大于10平方公里),建设面积控制在1平方公里左右,建设面积不能超出规划面积的50%,居住人口控制在3万～5万人。而这仅是特色小镇的共性,很多特色小镇,尤其是旅游聚焦型、旅游＋产业型的特色小镇,因其地形地势的结构或发展旅游特色的需要,往往面积不止10平方公里,甚至要远远超过10平方公里。形态上,它可以是建制镇,也可以是风景区、综合体等。

其次,特色小镇是一个产业的空间载体。因此,特色小镇的建设,须与支撑其发展的特色产业的规划统筹相结合。有别于一般的用地粗放,居住、服务等功能不够完善的各类产业园区,特色小镇在产业发展方向上,更多地以新兴产业、第三产业为导向。

同时,特色小镇以居民为主体,强调的是特色产业与新型城镇化、城乡统筹的结合,是一种产业与城镇建设有机互动的发展模式,其讲求综合产业建设、社区居住和生活服务等空间上的功能,而使整体上显得协调及和谐,营造浓郁的生活氛围。

特色小镇的特征,对特色小镇在打造、建设过程中的方式、方法也提出了要求,即建设特色小镇模式的特征。①保护耕地,集约发展。特色小镇在建设过程中,一方面对生态保护有一定的要求,另一方面也需要有一定的耕地面积为小镇的居民提供第一产业的产品供给,故需要保护耕地,限制过度的开发,而在限定的区域内进行集约的产业发展。②培育产业,构筑支撑体系。特色小镇,首先"特"在"产业",其吸引城乡居民到小镇就业、定居,吸引外地游客到小镇观光、休闲的首要条件就是要开发出足够鲜明、足够有吸引力的产业,从而制造就业机会,进而吸引居民与游客,使之产生生活和生产各方面的需求,推动小镇各方面的建设。③统筹城乡,内引外联。特色小镇虽然独特,但不独立,其设置和发展的初衷,是推动新型城镇化的开展,一方面承接城市过剩产业和人口,另一方面吸引农村人口城镇化,并带动农村的发展。因此小镇的建设需要联动城乡。④完善基础设施,改善人居环境。小镇为发挥其生活功能,必须具备完善的基础设施和宜居的生活环境,缺乏这两大条件,小镇就很难形成吸引人群定居的基础,从而无法构成"镇"的概念。⑤传承文化,展现特色风貌。特色小镇的特征可以用"产""城""人""文"四个字来形容,"产""城""人"三大特点在特色小镇建设中的落实要求在上述的②③④中已经进行了简述。至于"文",指的是特色小镇基于小镇的历史沉淀的物质元素和非物质理念与习俗,基于小镇自然景观的独特特点,通过其特色产业的打造和发展,其旅游产业的发展和宣传,其小镇风貌的规划和设计,其小镇品牌的塑造和推广而形成的地方特色精神内涵。而基于特色小镇特色文化的非物质性,其宣传与传播相较小镇的特色产品或产业产出、产业延伸而言有更快、更广的特点。因此,在建设特色小镇的过程中,注重对特色小镇特色文化的传承、保护与培养,对小镇特色的宣传与推广大有裨益。

1.2 特色小镇的发展历程

2014年10月,在参观云栖小镇时,时任浙江省长李强提出:"让杭州多一个美丽的特色小镇,天上多飘几朵创新'彩云'。"这是"特色小镇"的概念首次被提及。

2015年9月,中财办主任、国家发改委副主任刘鹤一行深入调研浙江特色小镇的建设情况。刘鹤表示:浙江特色小镇建设是在经济发展新常态下发展模式的有益探索,符合经济规律,注重形成满足市场需求的比较优势和供给能力,这是"敢为人先、特别能创业"精神的又一次体现。

2015年12月底,习近平总书记对浙江省"特色小镇"建设做出重要批示:"抓特色小镇、小城镇建设大有可为,对经济转型升级、新型城镇化建设,都大有重要意义。浙江着眼供给侧培育小镇经济的思路,对做好新常态下的经济工作也有启发。"

2016年1月初,时任浙江省长李强在绍兴、宁波调研特色小镇建设后说道:"在新常态下,浙江利用自身的信息经济、块状经济、山水资源、历史人文等独特优势,加快创建一批特色小镇,这不仅符合经济社会发展规律,而且有利于破解经济结构转化和动力转换的现实难题,是浙江适应和引领经济新常态的重大战略选择。"要全力推进特色小镇建设,把特色小镇打造成稳增长调结构的新亮点、实体经济转型发展的新示范、体制机制改革的新阵地。随后全国各地特色小镇建设规划蜂拥而至。

2016年10月11日,住建部印发《住房城乡建设部关于公布第一批中国特色小镇名单的通知》,公布第一批127个国家级特色小镇名单。

2017年8月22日,住建部印发《住房城乡建设部关于公布第二批全国特色小镇名单的通知》,公布第二批276个国家级特色小镇名单。

1.3 网络布线在特色小镇中的重要性

20世纪80年代开始,计算机网络在全世界快速发展并迅速普及,推动人类社会进入信息化的时代,计算机网络已经深入到社会的各个领域,并已成为人们社会生活中不可缺少的重要组成部分。同样,在特色小镇的建设与运营过程中,网络也是必不可少的一项基础建设,网络的设计与布线就尤为重要。

由于网络设备的复杂性,给组网和网络设备的配置带来了一定的困难。对于特色小镇的网络管理人员,需要具有网络规划与设计、综合布线的设计、机房的建设、网络设备的配置和管理实际操作能力。作为特色小镇网络的维护者,具备这一实践操作能力是非常必要的。后面的章节将主要介绍组网所需的网络设备,综合布线过程的基本操作技能,服务器的搭建,交换机和路由器的基本配置。

第 2 章 网络工程

2.1 认识网络工具和设备

本小节首先从认识网络工具和设备入手,进行简单介绍。通过阅读本小节内容,使特色小镇网络管理者熟悉常用网络工具的用途、使用方法以及认识常用的网络设备。基本的网络工具有网线钳、测线器、水晶头、双绞线、信息模块、剥线钳、打线钳、小型机、服务器、交换机等。下面对这些基本工具分别进行详细介绍。

2.1.1 网线钳

网线钳是用来卡住 BNC 连接器(一种很常见的 RF 端子同轴电缆终结器)外套与基座的工具,如图 2-1 所示。它有一个用于压线的六角缺口,同时具有剥线、剪线的功能,是安装网络时制作网线必备的工具。它能制作 RJ-45 网络线接头、RJ-11 电话线接头和 4 P(4 Pin,即 4 针)电话线接头。

图 2-1 网线钳

网线钳按功能可分为单用、两用和三用3种类型。
- 单用分为4P、6P、8P 3种。4P可压接4芯线,用于电话接入线。6P可压接6芯线,用于电话话筒线RJ-11。8P可压接8芯线,即网线RJ-45。
- 两用的是上面规格的组合:4P+6P、4P+8P、6P+8P。
- 三用的就是4P+6P+8P,功能齐全。

2.1.2 测线器

测线器是用于网络安装、维护的实用性工具。测线器分为只有测线功能的测线器和带寻线功能的测线器。

只有测线功能的测线器测试网线的连通性,主要用于网线的制作,如图2-2所示。

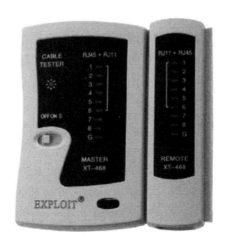

图2-2 只有测线功能的测线器

带寻线功能的测线器用于追踪无强电状态下的所有金属电缆,能在连接交换机、路由器、终端的情况下直接找线,用于判断线路状态,识别线路故障,如图2-3所示。

第 2 章 网络工程

图 2-3 寻线测线器

2.1.3 水晶头

水晶头因其外观像水晶一样晶莹透亮而得名。它是网络连接中重要的接口设备,是一种能沿固定方向插入并自动防止脱落的塑料接头,如图 2-4 所示。它主要用于连接网卡端口、集线器、交换机、电话等设备。

图 2-4 水晶头

2.1.4 双绞线

双绞线是综合布线工程中最常用的传输介质,由两根具有绝缘保护层的铜导线组成。它的工作原理是通过将两根 22～26 号绝缘的铜导线按一定密度互相绞在一起,每根导线在传输中辐射出来的电波会被另一根导线上发出的电波抵消,从而有效降低信号干扰的程度。由多对双绞线一起包在一个绝缘电缆套管里就构成了双绞线缆。

按照电气性能的不同,双绞线可分为三类、五类、超五类、六类、超六类、七类和八类双绞线。不同类别的双绞线价格相差较大,应用范围也不相同。

- 三类双绞线(CAT3)的最高传输速率为 10 Mbit/s,适用于 10 MB 以下的网络。目前基本淘汰,只有传统的语音系统仍然使用三类双绞线。
- 五类双绞线(CAT5)的最高传输速率为 100 Mbit/s,适用于 100 MB 以下的网络,支持 1 000 Base-T,但由于在价格上与超五类非屏蔽双绞线相差无几,已经逐渐淡出布线市场。
- 超五类双绞线(CAT5e)的最高传输速率为 155 Mbit/s。它是目前的主流产品,如图 2-5 所示。

图 2-5　超五类双绞线

- 六类双绞线(CAT6)的传输速率达到 250 Mbit/s 或更高。虽然价格较高,但与超五类双绞线有非常好的兼容性,能够非常好地支持 1 000Base-T。
- 超六类双绞线(CAT6e)是六类双绞线的改进版,最高使用频率是 200～250 MHz,最大传输速率达到 1 000 Mbit/s,主要应用于千兆位网络中。超六类双绞线在串扰、衰减和信噪比等方面有较大改善,并在 4 个双绞线对间加了十字形的线对分隔条,如图 2-6 所示。分隔条在降低了串扰问题的同时与线缆的外皮一起将 4 对导线紧紧地固定在其设计的位置,减缓了线缆弯折而带来的线对松散,进而减少安装时导致性能降低的问题。
- 七类双绞线(CAT7)是一种全新的双绞线,扁平设计居多,如图 2-7 所示。为了适应万兆以太网技术的应用和发展,它能提供至少 500 MHz 的综合衰减对串扰比和 600 MHz 的整体带宽,传输速率达到 10 Gbit/s。虽然其性能优异,但价格昂贵(一般每米价格在 30 元以上),施工复杂。

目前,国际上只对七类双绞线有所定义,但美国的 Siemon(西蒙)公司已宣布开发出了八类双绞线,商标为 Tera。

- 八类双绞线(CAT8)的最高使用频率为 1 200 MHz,可以同时提供多种服务,可连接 Terrestrial TV、CCTV、DAB、FM、音频、IR 控制、10/100 和 100/1 000 以太网、视频、电话、USB 外部设备等。

图 2-6　超六类双绞线

图 2-7　七类双绞线

2.1.5　信息模块

信息模块也叫信息插槽,如图 2-8 所示。它用于连接设备间和工作间,一般从内墙走,不容易被破坏,具有高稳定性和耐用性,同时减少了绕行布线造成的不必要的高成本。信息模块使用时与水晶头、网线相对应,以提升信息在传输过程中抗衰减的能力。

图 2-8　信息模块

2.1.6　剥线钳

剥线钳是内线电工、电动机修理、仪器仪表电工常用的工具之一,专供剥除电线头部的表面绝缘层用,如图 2-9 所示。

图 2-9　剥线钳

2.1.7　打线钳

打线钳是由德国 krone 公司开发设计的网络布线工具,常用的打线钳有两种样式,分别如图 2-10(a)和图 2-10(b)所示。它适用于 AMP 型的三类模块、超五类模块、超五类配线架和各种 krone 型语音或数据模块等的制作。

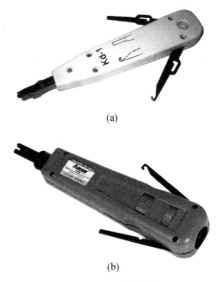

(a)

(b)

图 2-10　打线钳

2.1.8 小型机

小型机是指采用精简指令集处理器,性能和价格介于 PC(Personal Computer,个人计算机)服务器和大型主机之间的一种高性能 64 位计算机,如图 2-11 所示。在中国,小型机通常是指 UNIX 服务器,一般用于校园局域网。

图 2-11 小型机

2.1.9 服务器

服务器是提供计算服务的设备,如图 2-12 所示。由于服务器需要响应服务请求,并进行处理,因此需要具备承担服务并且保障服务的能力。它是组建网络必备的设备。

服务器的构成包括处理器、硬盘、内存、系统总线等。由于服务器需要提供高可靠的服务,因此在处理能力、稳定性、可靠性、安全性、可扩展性、可管理性等方面要求较高。

在网络环境下,根据服务器提供的服务类型的不同,服务器可分为文件服务器、数据库服务器、应用程序服务器、Web 服务器等。

图 2-12 服务器

2.1.10 交换机

交换机也称为交换式集线器,图 2-13 和图 2-14 分别为 24 口、48 口二层交换机和千兆三层交换机。交换机的英文名称为 switch,意为"开关",是一种用于电(光)信号转发的网络设备。它基于 MAC 地址(物理地址)识别,可以学习 MAC 地址,并把其存放在内部地址表中,完成封装转发数据包的功能。最常见的交换机是以太网交换机,还有电话语音交换机、光纤交换机等。

图 2-13　24 口、48 口二层交换机

图 2-14　千兆三层交换机

网络交换机分为两种:广域网交换机和局域网交换机。广域网交换机主要应用于电信领域,提供通信用的基础平台。局域网交换机应用于局域网,用于连接终端设备,如 PC、网络打印机等。

从传输介质和传输速度上,交换机可分为以太网交换机、快速以太网交换机、千兆以太网交换机、FDDI 交换机、ATM 交换机和令牌环交换机等。

从规模应用上,交换机又可分为企业级交换机、部门级交换机和工作组交换机等。一般来讲,企业级交换机都是机架式,应用于 500 个信息点以上的大型企业;部门级交换机可以是机架式(插槽数较少),也可以是固定配置式,应用于 300 个信息点以下的中型企业;工作组级交换机为固定配置式(功能较为简单),应用于 100 个信息点以内的小型企业。

2.2 网线的制作方法

本节主要介绍采用568A/B标准,分别使用平行线和交叉线方法制作一条网线,并使用测线器测试网线。使用的工具有一条网线、一个测线器、一个网线钳、水晶头若干。具体步骤如下。

网线有两种制作方法,一种是交叉线,一种是平行线。

一、平行线

1. 确定线序

EIA/TIA568A 一端:白绿、绿、白橙、蓝、白蓝、橙、白棕、棕,另一端:白绿、绿、白橙、蓝、白蓝、橙、白棕、棕。

EIA/TIA568B 一端:白橙、橙、白绿、蓝、白蓝、绿、白棕、棕,另一端:白橙、橙、白绿、蓝、白蓝、绿、白棕、棕。

2. 制作网线

①准备工具,包括网线钳(见图 2-15)、测线器(见图 2-16)、水晶头(见图 2-17)和网线(见图 2-18)。

图 2-15 网线钳

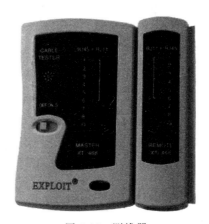

图 2-16 测线器

图 2-17　水晶头　　　　　　　　图 2-18　网线

②采用 EIA/TIA568B 标准排好线序,如图 2-19 所示。

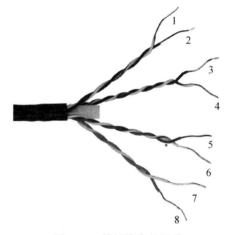

图 2-19　排好线序的网线

③用网线钳将排好序的网线裁剪成合适长度(大约 1 cm),插入已经准备好的水晶头内,保证每根线芯压到底并且网线的外皮部分压入水晶头,如图 2-20 所示。

图 2-20　网线插入水晶头

④将插入线芯的水晶头插入网线钳的 RJ-45 接口,如图 2-21 所示,使用网线钳按压水晶头。这样网线一端的水晶头就做好了,如图 2-22 所示,另一端的做法相同。制作完成的网线,如图 2-23 所示。

图 2-21 网线钳压接水晶头

图 2-22 压接好的水晶头

图 2-23 做好的网线

⑤使用测线器测试网线的连通性。将制作完成的网线两端分别插入测线器的两个RJ-45接口,打开测线器的开关,如果测线器的指示灯是从1~8依次点亮,表示做好的网线连通性完好,如图2-24所示。

图 2-24 测试网线连通性

2.3 信息模块的压接

本小节主要介绍模块的压接方法,综合布线中水平布线子系统接线方式,综合布线中工作区子系统的布线方式。使用的工具有两条网线、一个测线器、一个网线钳、一个模块、水晶头若干。具体步骤如下。

信息模块的压接分为 EIA/TIA568A 和 EIA/TIA568B 两种方式。EIA/TIA568A 物理线路接线方式如图 2-25 所示。EIA/TIA568B 物理线路接线方式如图 2-26 所示。

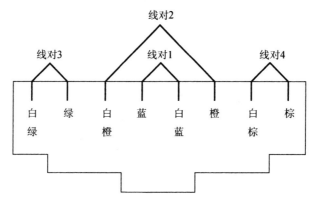

图 2-25　EIA/TIA568A 物理线路接线方式

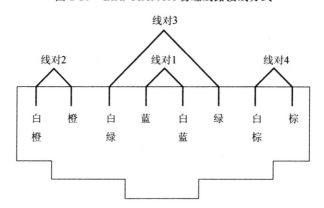

图 2-26　EIA/TIA568B 物理线路接线方式

1. EIA/TIA568B 压接方法

①准备两根网线,一根用于压接模块,一根用作普通网线。

②使用剥线钳,在距线缆末端 5 cm 处剥除线缆的外皮,剪除线缆的抗拉线。

③准备一个信息模块,如图 2-27 所示,按照模块上 EIA/TIA568B 类线序将线芯分别放入信息模块相应槽位内,然后用打线钳进行压接,与插槽连接,如图 2-28 所示。压接时要压实,不能有松动的地方。

图 2-27　信息模块

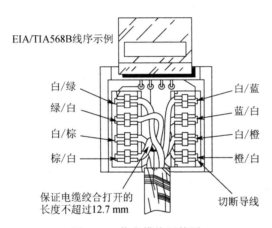

图 2-28　信息模块压接图

在现场施工过程中,如果要求将五类线(或三类线)的一端压在 8 P 的信息模块(或配线面板)上,另一端压在 6 P 的语音模块上,按五类线 8 P 压接方法进行压接,6 P 语音模块将自动放弃棕色线对。

注意:信息模块的压接分 EIA/TIA568A 和 EIA/TIA568B 两种方式,但在一个系统中只能选择其中一种,即两者不可混用。EIA/TIA568A 第 2 对线(EIA/TIA568B 第 3 对线)把 3 和 6 颠倒,可改变导线中信号流通的方向排列,使相邻的线路变成同方向的信号,减少了串扰。

④将网线的另一端按照普通网线的做法采用 EIA/TIA568B 线序接上水晶头。在实际应用中,两端都要压接上信息模块。作为综合布线的水平子系统,一端的信息模块安装到大楼各个房间的信息插座上,另一端连接到各楼层弱电间的配线架上。信息插座的信息模块用于连接工作区子系统到各个终端的网线。

⑤采用 EIA/TIA568B 线序制作一根网线,将网线的一头插入信息模块,如图 2-29 所示。

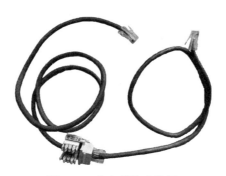

图 2-29　信息模块连接图

2. 测试线路

用测线器测试线路的连通性,如图 2-30 所示。

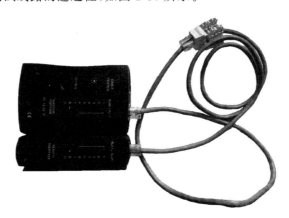

图 2-30　测试线路的连通性

在现场施工过程中,如果要求将 5 类线(或 3 类线)一端压在 8 针的信息模块(或配线面板)上,另一端压在 6 针的语音模块上,按 5 类线 8 针压接方法压接,6 针语音模块自动放弃棕色线对。

2.4　网络连接

本小节主要介绍通过无线路由器接入特色小镇内网。使用的工具有无线路由器、计算机、网线。具体实验步骤如下。

通过无线路由器接入特色小镇内网有两种方法,一种是在电脑上设置 IP 地址,无线路由器不设置静态地址;另一种是在路由器设置静态 IP 地址,电脑上自动获取 IP 地址。

1. 在计算机上配置 IP 地址信息

①设置路由器。将一根网线一端接入路由器的 LAN 口,另一端接入计算机。输入用户名和密码登录无线路由器。打开浏览器,在地址栏中输入"192.168.1.1",打开路由器设置界面,设置无线网络的名称和密码。

②在 Windows 10 系统下,右击"网络",在弹出的快捷菜单中选择"属性"选项,打开"网络和共享中心"窗口,如图 2-31 所示。

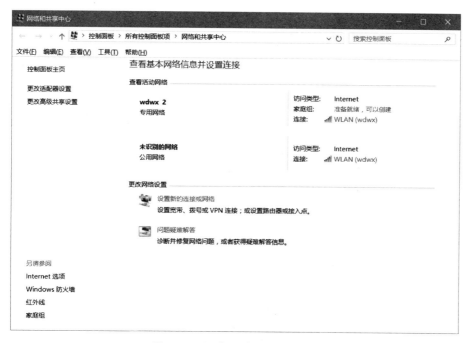

图 2-31 "网络和共享中心"窗口

③单击左侧的"更改适配器设置",打开"网络连接"窗口,如图 2-32 所示。

④右击"WLAN",在弹出的快捷菜单中选择"属性"选项,打开"WLAN 属性"对话框,如图 2-33 所示。选中"Internet 协议版本 4(TCP/IPv4)"复选框,打开"Internet 协议版本 4(TCP/IPv4)属性"对话框,如图 2-34 所示,设置相应的 IP 地址信息,如图 2-35 所示。

图 2-32 "网络连接"窗口

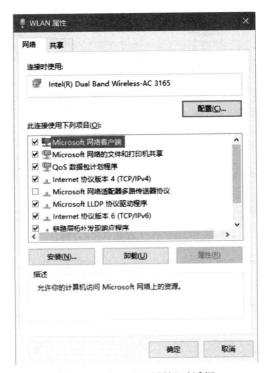

图 2-33 "WLAN 属性"对话框

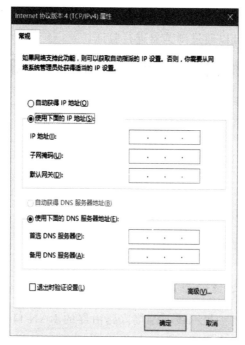

图 2-34 "Internet 协议版本 4(TCP/IPv4)属性"对话框(1)

图 2-35 "Internet 协议版本 4(TCP/IPv4)属性"对话框(2)

⑤测试网络。当"网络连接"窗口中的"以太网"出现如图 2-36 所示状态时,表示网络已经连接。还可以通过浏览器进行验证。

图 2-36　测试网络

2. 在无线路由器设置静态 IP 地址

①设置路由器。将一根网线一端接入路由器的 LAN 口,另一端接入计算机。输入用户名和密码登录无线路由器。打开浏览器,在地址栏中输入地址"192.168.1.1",打开路由器设置界面,单击左侧"网络设置"下的"WAN 设置",设置静态 IP 地址,如图 2-37 所示。

图 2-37　设置静态 IP 地址

②设置网络连接。在 Windows 10 系统下,右击"网络",在弹出的快捷菜单中选择"属性"选项,打开"网络和共享中心"窗口,如图 2-31 所示。

③单击左侧的"更改适配器设置",打开"网络连接"窗口,如图 2-32 所示。

④右击"WLAN",打开"WLAN 属性"对话框,如图 2-33 所示。选中"Internet 协议版本 4(TCP/IPv4)"复选框,打开"Internet 协议版本 4(TCP/IPv4)属性"对话框,选中"自动获得 IP 地址"单选按钮,如图 2-38 所示。

图 2-38 "Internet 协议版本 4(TCP/IPv4)属性"对话框

⑤测试网络。当"网络连接"窗口中的"以太网"出现如图 2-36 所示状态时,表示网络已经连接。还可以通过浏览器进行验证。

第 3 章 网络管理

3.1 Linux 管理与设置

本节主要介绍在虚拟机中安装 Linux 系统,并对 Linux 系统进行网络设置。学习本节后要求特色小镇网络管理者学会安装虚拟机和 Linux 操作系统,了解 TCP/IP 网络,学会使用网络配置向导,了解 TCP/IP 配置文件,掌握网络接口配置 ifconfig 命令,掌握网络路由分配 route 命令,学会设置 IP 别名。使用的工具有 VMware Workstation、Linux Mint 18。

1. 在虚拟机上安装 Linux 操作系统

① 双击桌面上 VMware 图标,打开虚拟机,如图 3-1 所示。

图 3-1 "VMware Workstation"界面

②单击"文件"菜单,选择"新建虚拟机"选项,进入"新建虚拟机向导—欢迎使用新建虚拟机向导"界面,如图 3-2 所示,在"欢迎使用新建虚拟机向导"界面,选中"典型"单选按钮。

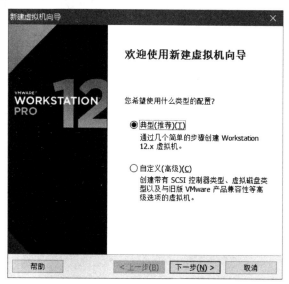

图 3-2 "新建虚拟机向导—欢迎使用新建虚拟机向导"界面

③单击"下一步"按钮,进入"新建虚拟机向导—安装客户机操作系统"界面,选中"安装程序光盘映像文件"单选按钮,然后选择文件所在路径,如图 3-3 所示。

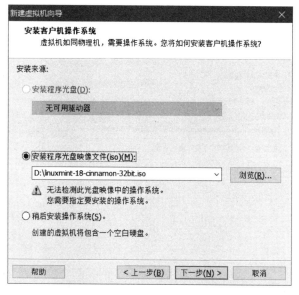

图 3-3 "新建虚拟机向导—安装客户机操作系统"界面

④单击"下一步"按钮,进入"新建虚拟机向导—选择客户机操作系统"界面,选中"Linux(L)"单选按钮,如图 3-4 所示。

图 3-4 "新建虚拟机向导—选择客户机操作系统"界面

⑤单击"下一步"按钮,进入"新建虚拟机向导—命名虚拟机"界面,输入虚拟机名称,选择虚拟机所在位置,如图 3-5 所示。

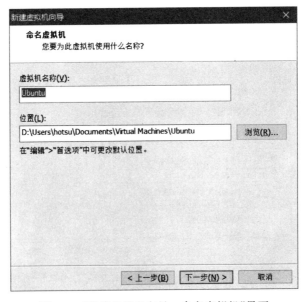

图 3-5 "新建虚拟机向导—命名虚拟机"界面

⑥单击"下一步"按钮,进入"新建虚拟机向导—指定磁盘容量"界面,指定磁盘大小(这里指定磁盘大小为 20 GB),选中"将虚拟磁盘拆分成多个文件"单选按钮,如图 3-6 所示。单击"下一步"按钮,进入"新建虚拟机向导—已准备好创建虚拟机"界面,如图 3-7 所示,单击"完成"按钮,完成虚拟机创建。

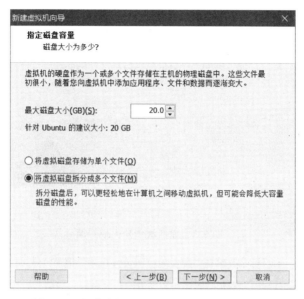

图 3-6 "新建虚拟机向导—指定磁盘容量"界面

图 3-7 "新建虚拟机向导—已准备好创建虚拟机"界面

⑦虚拟机创建完成后,虚拟机窗口如图 3-8 所示,窗口中出现名为 Ubuntu 的操作系统。

图 3-8　虚拟机创建完成界面

⑧单击"Ubuntu"标签,单击"虚拟机"菜单,选择"电源"选项,在弹出的级联菜单中,选择"启动客户机"选项,如图 3-9 所示。

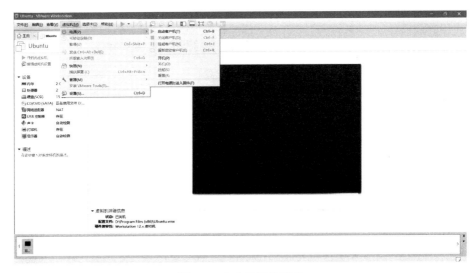

图 3-9　启动虚拟机界面

⑨启动虚拟机后,进入 Ubuntu 系统主界面,如图 3-10 所示。利用名为"Linux Mint 18 Cinnamon 32-bit"的光盘文件,安装 Linux 操作系统,出现如图 3-11 所示

界面时,系统安装完毕。

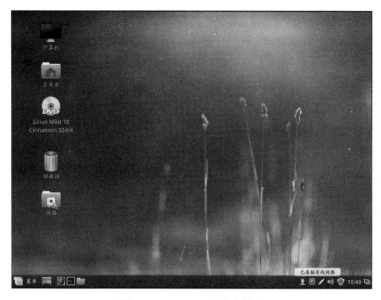

图 3-10　Ubuntu 系统主界面

图 3-11　Linux 系统欢迎界面

2. TCP/IP 配置文件

在 Linux 中,打开(图标为 ![icon])"终端"程序,出现如图 3-12 所示的界面,在此输入配置命令。

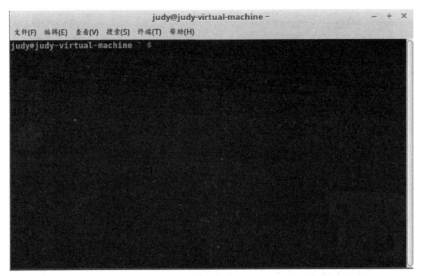

图 3-12　终端

（1）root 命令

root 命令用于图形用户界面登录，使用 root 命令之前必须先安装。root 安装命令为：

  sudo apt install root-system-bin

回车，出现如图 3-13 所示界面。输入 y，安装 root。

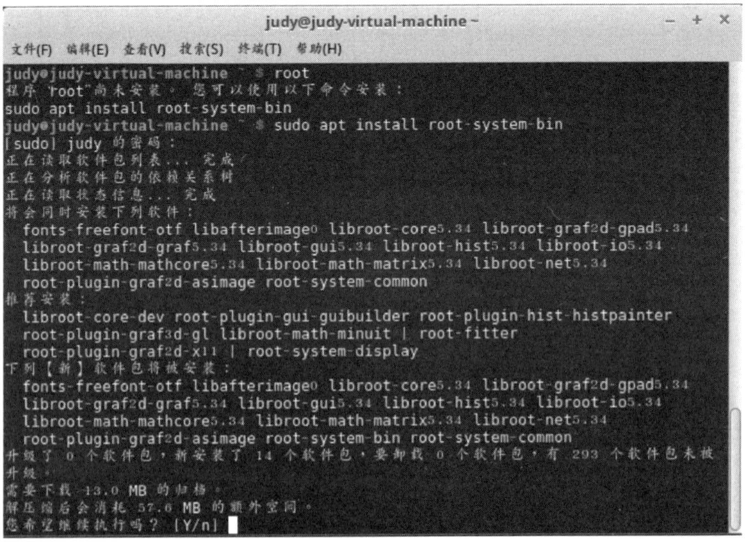

图 3-13　root 安装界面

(2)uname 命令

功能说明：uname 用来查看系统内核获取计算机和操作系统的相关信息。uname 可显示 Linux 主机所用的操作系统的版本、硬件的名称等基本信息。

语法：uname[a][m][n][r][s][v][p][i][o][help][version]

参数：

-a 或--all：详细输出所有信息，依次为内核名称、主机名、内核版本号、内核版本、硬件名、处理器类型、硬件平台类型、操作系统名称。

-m 或--machine：显示主机的硬件(CPU)名。

-n 或--nodename：显示主机在网络结点上的名称或主机名称。

-r 或--release：显示 Linux 操作系统内核版本号。

-s 或--sysname：显示 Linux 内核名称。

-v：显示操作系统的版本(version)。

-p：显示处理器类型或 unknown。

-i：显示硬件平台类型或 unknown。

-o：显示操作系统名。

--help：获得帮助信息。

--version：显示 uname 的版本信息。

(3)hostname 命令

功能说明：查看主机的完整名称，包括主机名称、所在域的名称。hostname 文件保存着用户系统的主机名，更改主机名需要修改这个设置项。用户可以用网络管理工具来更改主机名并把新名字保存到/etc/HOSTNAME 文件中。查看主机名最好使用 hostname 命令，而不是显示这个文件的内容。

例如，在终端输入 hostname 命令。

  judy@judy-virtual-machine～$ hostname

  judy-virtual-machine

hosts 文件中保存着一个主机名与对应的 IP 地址的清单。当用户用到一个域名时，系统就会在该文件中查找与它对应的 IP 地址。维护和管理这个清单的工作由系统管理员负责。

networks 文件保存着用户连接的网络域名和 IP 地址。网络 IP 地址有比主机 IP 地址短的，根据网络类型的不同会用到其 IP 地址中的 1～3 个数字。另外，还有一个对应于本地服务器(localhost)的 IP 地址 127.0.0.0，用于回馈设备网络地址。

网络接口是由/etc/rc.d/init.d 子目录里的"network"脚本程序启动的。通过这个脚本程序和它的"start"与"stop"参数，用户可以手工关闭或者重新启动自己的网络接口。

下面的命令先关闭用户的网络接口,再重新启动它。

/etc/rc.d/init.d/network stop

/etc/rc.d/init.d/network start

如果想测试网络接口是否工作,可以用 ping 命令。例如,使用用户网关的 IP 地址来进行检验。ping 命令会不停地执行,直到用户按 Ctrl+C 快捷键停止它。命令如下。

ping 192.168.1.42

(4)ifconfig 命令

功能说明:查看系统 IP 信息。该命令用来对网络接口进行配置,它把一个 IP 地址分配给一个网络接口,然后系统就会知道存在这样一个网络接口,并且知道它对应着某个特定的 IP 地址。

语法:ifconfig [interface -host_net_flag] [address options]

参数:

interface-host:网络接口的名字

net_flag 和 address options:IP 地址和其他参数选项。用户可以定义该 IP 地址为主机地址,或者网络地址,以及使用此 IP 地址的域名,该域名及 IP 地址会保存在/etc/hosts 文件中。例如,在终端输入 ifconfig 命令后出现如图 3-14 所示界面。

图 3-14　查看 IP 地址

(5) route 命令

功能说明:路由选择解决了从信源计算机到信宿计算机的最佳路径,以及如何处理诸如干预计算机的负载过重或连接丢失等类型的问题。

语法:route [add|delete][host|net][c][n][v][F][C][f] [p] [Command] [Destination] [netmask] [Gateway] [metric] [Interface]

参数:

--add:添加一条新路由。

--delete:删除一条路由。

--host:目标地址是一个主机。

--net:目标地址是一个网络。

-c:显示更多信息。

-n:不解析名字。

-v:显示详细的处理信息。

-F:显示发送信息。

-C:显示路由缓存。

-f:清除所有网关入口的路由表。

-p:与--add 命令一起使用时,路由具有永久性。

--Command:指定用户想运行的命令(add/change/delete/print)。

--Destination:指定该路由的网络目标。

--netmask:指定与网络目标相关的网络掩码(也被称作子网掩码)。

--Gateway:指定网络目标定义的地址集和子网掩码可以到达的前进或下一跃点 IP 地址。

--metric:为路由指定一个整数成本值标(1~9 999),当在路由表(与转发的数据包目标地址最匹配)的多个路由中进行选择时可以使用。

--Interface:为可以访问目标的接口指定接口索引。若要获得一个接口列表和它们相应的接口索引,使用 route print 命令的显示功能。可以使用十进制或十六进制值进行接口索引。

route 命令使用示例如下。

①查看路由表信息。

route

②添加路由。

● 添加到主机的路由:

route add -host 192.168.1.11 dev eth0

route add -host 192.168.1.12 gw 192.168.1.1

● 添加到网络的路由：

＃route add -net 192.168.1.11 netmask 255.255.255.0 eth0

＃route add -net 192.168.1.11 netmask 255.255.255.0 gw 192.168.1.1

＃route add -net 192.168.1.0/24 eth1

● 添加默认网关：

＃route add default gw 192.168.2.1

③删除路由。

＃ route delete -host 192.168.1.11 dev eth0

(6)netstat 命令

功能说明：netstat 命令能够向用户实时提供自己网络连接方面的运行状态信息、网络统计数字和路由表等。用户可以使用 netstat 命令中的参数选项来查看网络上的信息，如网络连接、路由表、接口状态（interface statistics）、masquerade 连接、多播成员（multicast memberships）等。

语法：netstat[r][i][t][u][n][l][p][e][s][c][a]

参数：

-r：显示路由表。

-i：显示各网络接口的使用情况。

-t 或--tcp：仅显示 TCP 相关选项。

-u 或--udp：仅显示 UDP 相关选项。

-n：拒绝显示别名，能显示数字的全部转化成数字。

-l：仅列出有在监听（listen）的服务状态。

-p：显示建立相关连接的程序名。

-e：显示扩展信息，如 uid。

-s：按各个协议进行统计。

-c：每隔一个固定时间，执行该 netstat 命令。

-a：列出所有端口。

提示："listen"和"listening"的状态只有用-a 或者-l 才能看到。

例如：

netstat -a：列出所有端口；

netstat -at：列出所有 TCP 端口；

netstat -au：列出所有 UDP 端口；

netstat -lt：只列出所有监听的 TCP 端口；

netstat -st 或 -su：显示 TCP 或 UDP 端口的统计信息。

在命令窗口执行 netstat 后，输出结果如图 3-15 所示。

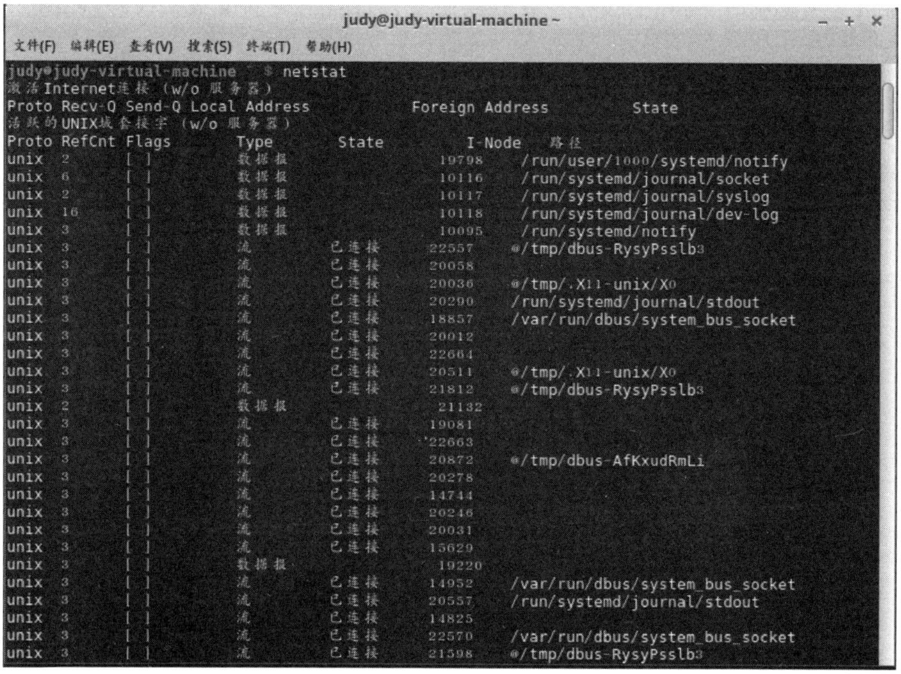

第 3 章 网络管理

图 3-15 netstat 输出结果

service 文件中列出了用户系统上可用的网络服务项目(如 FTP 和 telnet),以及它们所使用的特定端口。在这个文件里,用户可以查看 Web 服务器在查看的端口、FTP 服务器在使用的端口等。用户可以在端口编号后面给服务器定义一个别名(绰号),然后使用这个别名来引用这项服务。

protocols 文件列出了用户系统当前支持的 TCP/IP 各种协议的名称。

"ifup"和"ifdown"是网络连接启动脚本程序,对网络进行配置的初始化启动操作在/etc/rc.d/init.d/network 文件中完成。

3.2 思科模拟器的使用

本节主要介绍思科模拟器的使用方法以及如何使用 ping 命令。使用的工具有模拟器、计算机。具体步骤如下。

1. 思科模拟器的使用

打开思科模拟器(Cisco Packet Tracer Student,CPTS),如图 3-16 所示。进行

网络结构图绘制时,常用的设备主要有路由器、交换机、终端设备和线路,如图3-17所示。

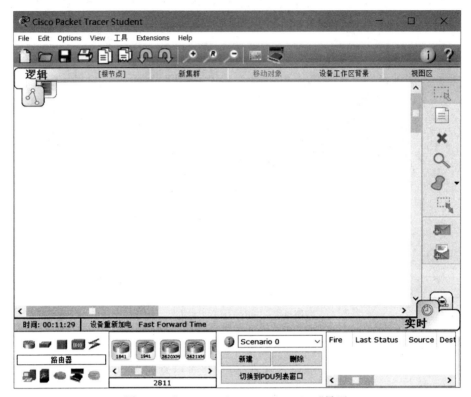

图 3-16 "Cisco Packet Tracer Student"界面

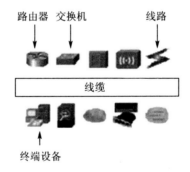

图 3-17 常用设备

(1)路由器

CPTS 提供的路由器型号如图 3-18 所示。

图 3-18 路由器类型

（2）交换机

CPTS 提供的交换机型号如图 3-19 所示。

图 3-19 交换机类型

（3）终端设备

CPTS 提供的终端设备主要有服务器、笔记本计算机和台式计算机（以下用简写 PC 表示）等，主要型号如图 3-20 所示。

图 3-20 终端设备机类型

（4）线缆

CPTS 提供的线缆类型主要有控制（console）线、直连线、交叉线、光纤、同轴电缆、串口线等，对应的线缆如图 3-21 所示。

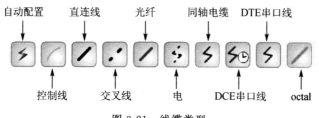

图 3-21 线缆类型

2. 配置实例

在 CPTS 添加 2 台 PC、1 台交换机、1 台路由器，并进行连接，如图 3-22 所示。使用 ping 命令测试两台 PC 的连通性。

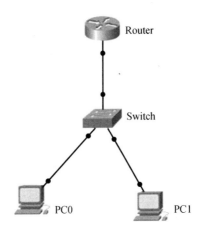

图 3-22 配置实例图

①路由器 Router 的配置如下。

单击路由器 Router,进入 CLI(command-line interface,命令行界面),输入下面命令。

    Router＞en
    Router＃conf t
    Enter configuration commands, one per line. End with CNTL/Z.
    Router(config)＃int f0/0
    Router(config-if)＃ip add 192.168.1.1 255.255.255.0
    Router(config-if)＃no sh
    Router(config-if)＃
    ％LINK-5-CHANGED：Interface FastEthernet0/0, changed state to up
    ％LINEPROTO-5-UPDOWN：Line protocol on Interface FastEthernet0/0, changed state to up

②交换机 Switch 的配置如下。

单击交换机 Switch,进入命令行界面,输入下面命令。

    Switch＞en
    Switch＃conf t
    Enter configuration commands, one per line. End with CNTL/Z.
    Switch(config)＃int f0/0
    ％Invalid interface type and number
    Switch(config)＃int vlan 1
    Switch(config-if)＃ip add 192.168.2.1 255.255.255.0

Switch(config-if)#no sh

Switch(config-if)#

%LINK-5-CHANGED：Interface Vlan1，changed state to up

%LINEPROTO-5-UPDOWN：Line protocol on Interface Vlan1，changed state to up

③配置主机 PC0 和 PC1。

单击 PC0，打开"PC0"配置界面，如图 3-23 所示。单击"IP Configuration"，打开"PC0"IP 地址配置界面，配置 PC0 的 IP 地址信息，如图 3-24 所示。PC1 的 IP 地址配置方法同 PC0 类似，IP 地址为 192.168.1.3，如图 3-25 所示。

图 3-23　"PC0"配置

单击 PC0，打开"PC0"配置界面，单击"Desktop"标签，单击"Command Prompt"，打开"Command Prompt"窗口。输入"ping 192.168.1.3"，出现如图 3-26 所示的提示，证明 PC0 与 PC1 是连通的。

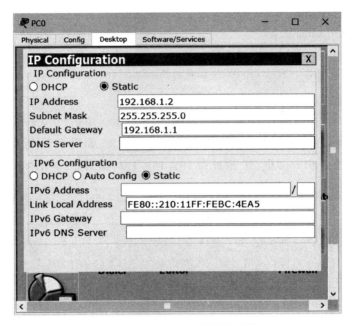

图 3-24 "PC0"IP 地址信息配置

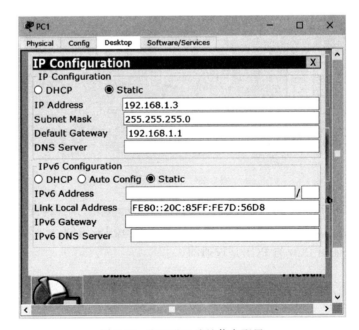

图 3-25 "PC1"IP 地址信息配置

第 3 章 网络管理

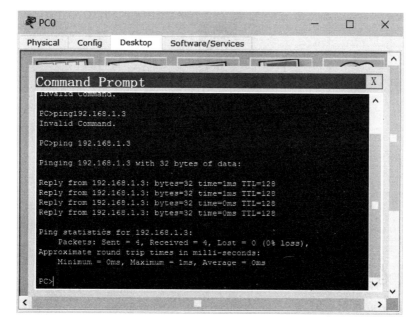

图 3-26　连接测试

3.3　交换机的配置

3.3.1　二层交换机的配置

本小节主要介绍交换机命令模式间的切换，二层交换机的基本配置，单交换机和跨交换机 vlan 的配置。使用工具有模拟器、计算机。具体步骤如下。

在规划和建设局域网时，主流的拓扑结构是树形拓扑。从树形结构的逻辑层次看，将树形结构分为 3 个层次，分别为核心层、汇聚层和接入层，对应相应层次的交换机分别为核心交换机、汇聚交换机和接入交换机，如图 3-27 所示。下面主要对这 3 类交换机配置进行介绍。

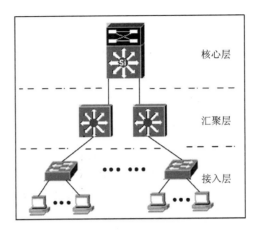

图 3-27　树形结构的 3 个层次

1.交换机命令模式间的切换

(1)模拟网络环境

打开思科模拟器 CPTS,添加 1 台交换机(3560-24PS)。单击交换机的图标,打开命令行窗口,如图 3-28 所示。

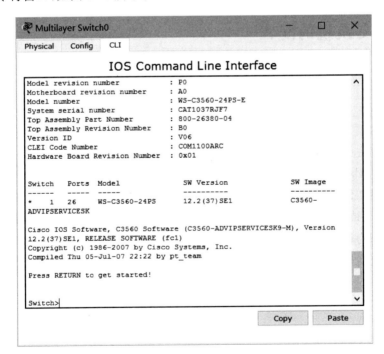

图 3-28　交换机的配置

(2)命令模式间的切换

思科的国际操作系统(IOS)提供 6 种命令模式,分别为用户模式、特权模式、全局配置模式、接口配置模式、vlan 配置模式和线路配置模式,它们之间的转换方式如图 3-29 所示。

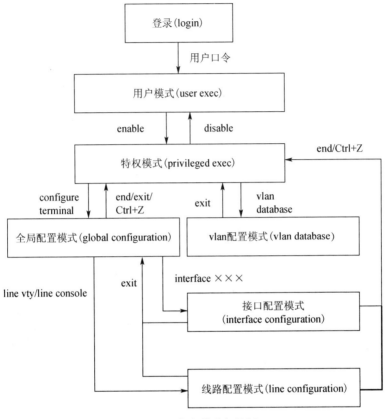

图 3-29 命令模式切换图

● 用户模式(user exec)

提示符:Switch＞

访问方法:回车,开始一个进程。

退出方法:输入"exit"命令离开该模式。

● 特权模式(privileged exec)

提示符:Switch#

访问方法:在用户模式中输入"enable"命令。

退出方法:输入"exit"或"disable"命令,返回到用户模式。

● 全局配置模式(global configuration)

提示符:Switch(config)#

访问方法:在特权模式中输入"configure terminal"命令。

退出方法:输入"exit"命令或"end"命令,或者按Ctrl+Z快捷键,返回到特权模式。

- 接口配置模式(interface configuration)

提示符:Switch(config-if)#

访问方法:在全局配置模式中输入"interface"命令,并且必须指明要进入哪一个接口配置子模式。

退出方法:输入"exit"命令,返回到全局配置模式;输入"end"命令,或按Ctrl+Z快捷键,返回到特权模式。

- vlan配置模式(vlan database)

提示符:Switch(vlan)#

访问方法:在特权模式中输入"vlan database"命令。

退出方法:输入"exit"命令,返回到特权模式。

- 线路配置模式(line configuration)

提示符:Switch(config-line)#

访问方法:在全局配置模式中输入"line vty"或"line console"命令,指定交换机使用的终端线路类型。

退出方法:输入"exit"命令,返回至全局配置模式,按Ctrl+Z快捷键或输入"end"命令,返回至特权模式。

2. 交换机的基本配置

(1) 交换机命名

```
switch(config)# hostname S2150G
S2150G(config)# no hostname
Switch(config)#
```

(2) 配置交换机管理密码

```
Switch(config)# enable password 123456      //Enter Password:123456
Switch(config)# end
Switch# disable
Switch> enable
Switch# config terminal
Switch(config)# no enable password           //Delete Password
```

(3) 设置交换机 IP 地址

Switch(config)#interface vlan 1
Switch(config-if)#ip address10.200.250.252 255.255.255.0
Switch(config-if)#no shutdown

(4) 配置交换机远程登录(telnet)密码

① 连接网络。添加 1 台交换机(3560-24PS)和 1 台 PC,用网线连接,如图 3-30 所示。交换机 IP 地址为 10.200.55.22,子网掩码为 255.255.255.0。PC 的 IP 地址为10.200.55.254,子网掩码为 255.255.255.0,如图 3-31 所示。

图 3-30　配置 telnet

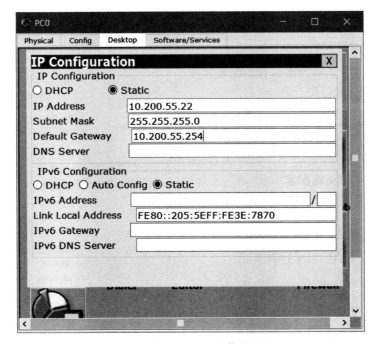

图 3-31　"PC0"IP 地址信息配置

PC0 的 IP 地址信息配置方法:单击 PC0,打开"PC0"配置界面,单击"IP Configuration",打开"PC0"IP 地址配置界面,配置 PC0 的 IP 地址信息,如图 3-32 所示。

② 不设置交换机远程登录密码,测试能否远程登录交换机。

双击 PC0,打开命令行窗口。在窗口中,输入并执行"ping 10.200.250.252"命令,结果表示 PC0 与交换机是连通的。在窗口中,输入并执行"telnet 10.200.250.252"命令,提示 password required,but none set。

③设置交换机远程登录密码和管理交换机的密码。

    Switch(config)♯line vty 0 15

    Switch(config-line)♯login

    Switch(config-line)♯password qaxy

    Switch(config-line)♯exit

    switch(config)♯enable password qaxy

在命令行窗口中,输入并执行"telnet 10.200.250.252"命令,然后输入远程登录密码和管理密码后,可以远程登录和管理交换机。

(5) 配置默认网关

    Switch(config)♯ip default-gateway 192.168.1.254

(6) 查看系统信息

    Switch♯show version

(7) 查看交换机当前运行的配置文件

    Switch♯show running-config

(8) 查看交换机 vlan 信息

    Switch♯show vlan

(9) 保存交换机配置

    Switch♯copy running-config startup-config

(10) 管理 MAC 地址转发表

①查看 MAC 地址转发表。

    Switch♯show mac-address-table

②设置静态 MAC 地址。

    Switch(config)♯mac-address-table static 4fef.5063.421a vlan 1 interface f0/5

    Switch(config)♯exit

    Switch♯show mac-address-table

③取消静态 MAC 地址。

    Switch♯config

第3章 网络管理

Switch(config)# no mac-address-table static 4fef.5063.421a vlan 1 interface f0/5
Switch(config)# exit
Switch# show mac-address-table

(11) 端口配置

① 单个端口的配置。

 Switch# configure terminal
 Switch(config)# interfacefastEthernet 0/1
 Switch(config-if)# speed 100
 //端口速率 5 种方式:10、100、1000、auto、nonegotiate
 Switch(config-if)# duplex [auto | full | half]   //不适合 2950-24
 Switch(config-if)# description connects to pc
 Switch(config-if)# end
 Switch# show interfacefastEthernet 0/1
 Switch# copy running-config startup-config

② 端口组的配置。

 Switch(config)# interface range fastEthernet 0/1-5 //配置端口组
 Switch(config)# interface range fastEthernet 0/1-5，GigabitEthernet 0/1-2
                  //配置不同类型的端口组
 Switch(config-if-range)#
 Switch(config)# define interface-range hr fastEthernet 0/1-5//定义接口宏
 Switch(config)# interface range macro hr

(12) vlan 的划分和配置

① 在全局配置模式下创建 vlan。

 Switch# configure terminal
 Switch(config)# vlan 10   //创建 vlan
 Switch(config_vlan)# end
 Switch# show vlan id 10

② 在数据库模式下创建 vlan。

 Switch# vlan database   //进入 vlan 数据库模式
 Switch（vlan)# vlan 10
 Switch（vlan)# exit
 Switch# show vlan name vlan0010   //或使用 show vlan id 10

③ 将指定端口划分到 vlan。

```
Switch#configure terminal
Switch（config）#interface fastEthernet0/1
Switch（config_if）#shutdown
Switch（config_if）#switchport mode access        //将端口配置为二层端口
Switch（config_if）#switchport access vlan 10     //将端口添加到vlan
Switch（config_if）#no shutdown
Switch（config_if）#end
```

④删除 vlan。

```
Switch#configure terminal
Switch(config)#vlan 10
Switch(config_vlan)#no vlan 10
Switch(config)#end
```

3. 案例分析

进行交换机的配置应首先了解一些快捷键的使用,如表 3-1 所示。

表 3-1　快捷键使用表

快捷键	作用
Backspace，Ctrl＋H	删除当前光标左侧的一个字符
Ctrl＋P 或 ↑	重新显示前一命令
Ctrl＋N 或 ↓	重新显示后一命令
Ctrl＋A	到行首
Ctrl＋E	到行尾
Ctrl＋B	回退一个字符(不删除)
Ctrl＋F	前进一个字符
Ctrl＋D	删除光标处的一个字符
Ctrl＋K	删除从光标开始直到行尾的所有字符
Ctrl＋X	删除光标之前的所有字符
Ctrl＋W	删除一个字
Ctrl＋U	删除一行
Ctrl＋R	刷新刚输入的字符
Ctrl＋B	后退一个单词

续表

快捷键	作用
Ctrl+F	前进一个单词
Ctrl+D	删除光标后的一个字符

案例 3-1 vlan 的简单配置

用 CPTS 绘制如图 3-32 所示的图形,添加 1 台交换机(2960)、4 台 PC,修改 PC 名称分别为 PC0、PC1、PC2 和 PC3。配置信息如表 3-2 所示。

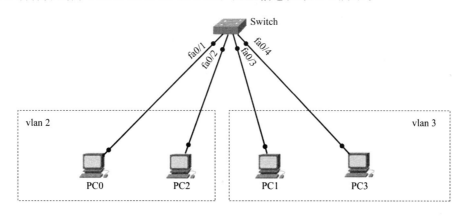

图 3-32　vlan 的基本配置实例图

表 3-2　配置信息

vlan 2	PC0	IP 地址:192.168.1.4 子网掩码:255.255.255.0 连接交换机 Switch 的 1 号端口 属于 vlan 2	PC2	IP 地址:192.168.1.14 子网掩码:255.255.255.0 连接交换机 Switch 的 3 号端口 属于 vlan 2
vlan 3	PC1	IP 地址:192.168.1.5 子网掩码:255.255.255.0 连接交换机 Switch 的 2 号端口 属于 vlan 3	PC3	IP 地址:192.168.1.15 子网掩码:255.255.255.0 连接交换机 Switch 的 4 号端口 属于 vlan 3

分别为 PC0、PC1、PC2、PC3 配置 IP 地址信息。PC0 的 IP 地址信息的配置如图 3-33 所示,PC1、PC2、PC3 的 IP 地址和子网掩码的配置方法同 PC0 类似。

单击 PC0,进入"PC0"配置界面,单击"Desktop"标签,单击"Command Prompt",打开"Command Prompt"窗口,输入"ping 192.168.1.5",出现如图 3-34 所示的提示,证明在配置 vlan 前 PC 之间能连通。

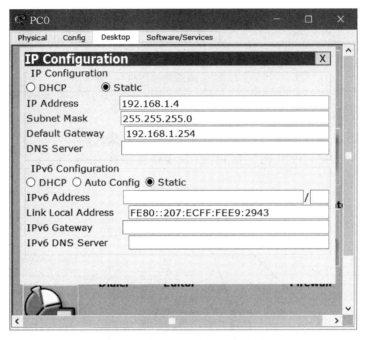

图 3-33 "PC0" IP 地址信息配置

(1) 配置交换机

```
Switch>en
Switch#vlan database                            //进入 vlan 数据库
Switch(vlan)#vlan 2                             //建立 vlan 2
Switch(vlan)#vlan 3                             //建立 vlan 3
Switch(vlan)#exit                               //退出 vlan 配置模式
Switch#config terminal
Switch(config)#intrange fa0/1,fa0/3
Switch(config-if-range)#switchport mode access
Switch(config-if-range)#switchport access vlan 2   //将端口 1 和 3 划分到 vlan 2
Switch(config-if-range)#exit
Switch(config)#intrange fa0/2,fa0/4
Switch(config-if-range)#switchport mode access
Switch(config-if-range)#switchport access vlan 3   //将端口 2 和 4 划分到 vlan 3
Switch(config-if)#end
Switch#show vlan
```

图 3-34 配置前的连接测试

(2)测试

在 PC0 上使用 ping 命令测试与 PC1 的连通性,发现不能连通,如图 3-35 所示。在 PC0 上使用 ping 命令测试与 PC2 的连通性,发现能连通,如图 3-35 所示。在 PC0 上使用 ping 命令测试与 PC3 的连通性,发现不能连通,如图 3-35 所示。在 PC1 上使用 ping 命令测试与 PC2 的连通性,发现不能连通,如图 3-36 所示。在 PC1 上使用 ping 命令测试与 PC3 的连通性,发现能连通,如图 3-36 所示。在 PC2

上使用 ping 命令测试与 PC3 的连通性,发现不能连通,如图 3-37 所示。

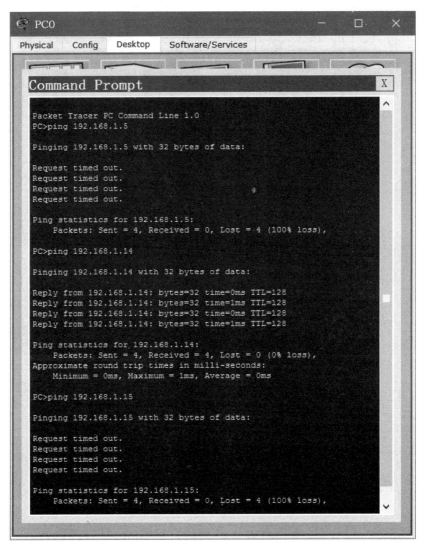

图 3-35 配置后的连接测试(1)

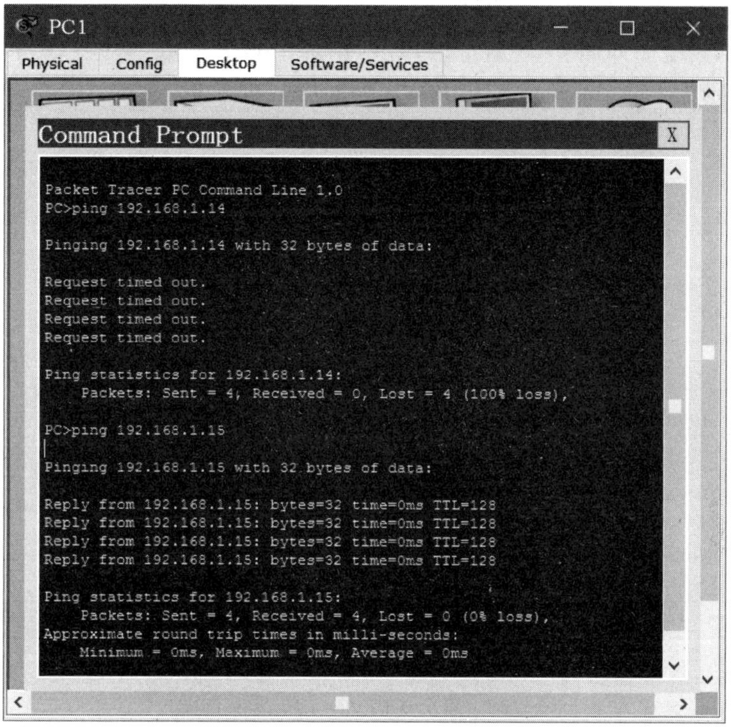

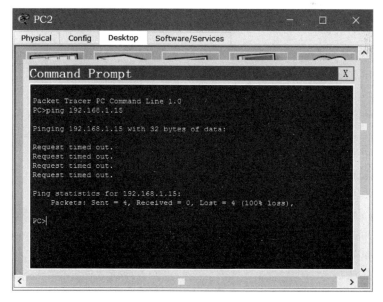

图 3-36 配置后的连接测试(2)

图 3-37 配置后的连接测试(3)

案例 3-2　跨交换机 vlan 的配置

用 CPTS 绘制如图 3-38 所示的图形,添加 2 台交换机(2960)、4 台 PC,修改 PC 名称分别为 PC0、PC1、PC2 和 PC3。配置信息如表 3-2 所示。

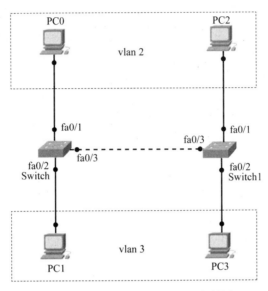

图 3-38　跨交换机 vlan 的配置实例图

(1)配置交换机

①配置交换机 Swith0。

```
Switch>en
Switch#conf ter
Switch(config)#hostname Switch0
Switch0(config)#exit
Switch0#vlan database                     //进入 vlan 配置子模式
Switch0(vlan)#vlan 2                      //创建一个 vlan 2
Switch0(vlan)#vlan 3                      //创建一个 vlan 3
Switch0(vlan)#exit
Switch#conf ter
Switch0(config)#int fa0/3                 //进入 3 号端口配置模式
Switch0(config-if)#switchport mode trunk  //设置当前端口为"trunk"
Switch0(config-if)#switchport trunk allowed vlan all
                                          //设置允许从该端口交换数据的 vlan
Switch0(config-if)#exit
Switch0(config)#int fa0/1                 //进入 1 号端口的配置子模式
```

Switch0(config-if)#switchport mode access　　//设置端口为静态 vlan 访问子模式
Switch0(config-if)#switchport access vlan 2　　//将 1 号端口划分给 vlan 2
Switch0(config-if)#exit
Switch0(config)#int fa0/2
Switch0(config-if)#switchport mode access
Switch0(config-if)#switchport access vlan 3
Switch0(config-if)#exit
Switch0(config)#exit
Switch0#show vlan

②配置交换机 Switch1。

Switch>en
Switch#conf ter
Switch(config)#hostname Switch1
Switch1(config)#exit
Switch1#vlan database　　//进入 vlan 配置子模式
Switch1(vlan)#vlan 2　　//创建一个 vlan 2
Switch1(vlan)#vlan 3　　//创建一个 vlan 3
Switch1(vlan)#exit
Switch#conf ter
Switch1(config)#int fa0/3　　//进入 3 号端口配置模式
Switch1(config-if)#switchport mode trunk　　//设置当前端口为"trunk"
Switch1(config-if)#switchport trunk allowed vlan all
　　　　　　　　　　　　　　　　　　　　　　//设置允许从该端口交换数据的 vlan
Switch1(config-if)#exit
Switch1(config)#int fa0/1　　//进入 1 号端口的配置子模式
Switch1(config-if)#switchport mode access　　//设置端口为静态 vlan 访问子模式
Switch1(config-if)#switchport access vlan 2　　//将 1 号端口划分给 vlan 2
Switch1(config-if)#exit
Switch1(config)#int fa0/2
Switch1(config-if)#switchport mode access
Switch1(config-if)#switchport access vlan 3
Switch1(config-if)#exit
Switch1(config)#exit
Switch1#show vlan

(2)测试

配置完成后,用 ping 命令进行测试。

在 PC0 上使用 ping 命令测试与 PC1 的连通性,发现不能连通,如图 3-35 所示。在 PC0 上使用 ping 命令测试与 PC2 的连通性,发现能连通,如图 3-35 所示。在 PC0 上使用 ping 命令测试与 PC3 的连通性,发现不能连通,如图 3-35 所示。在 PC1 上使用 ping 命令测试与 PC2 的连通性,发现不能连通,如图 3-36 所示。在 PC1 上使用 ping 命令测试与 PC3 的连通性,发现能连通,如图 3-36 所示。在 PC2 上使用 ping 命令测试与 PC3 的连通性,发现不能连通,如图 3-37 所示。

通过测试验证,属于同一 vlan 的 PC 能连通,属于不同 vlan 的 PC 不能连通。

3.3.2 三层交换机的配置

本小节主要介绍三层交换机的基本配置,三层交换机 VLAN 路由的配置方法,三层交换机实现 VLAN 间相互通信,访问控制列表的使用。使用工具有模拟器、计算机。

案例 3-3 生成树协议

用 CPTS 绘制如图 3-39 所示的图形,添加 2 台交换机(2960)、2 台 PC。修改 PC 名称分别为 PC2 和 PC3,交换机的名称分别为 Switch1 和 Switch2。其中,PC2 和 PC3 属于 vlan 10。配置信息如表 3-3 所示。

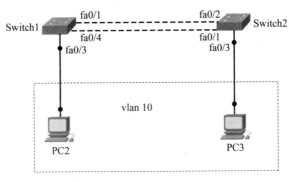

图 3-39 生成树协议配置实例图

表 3-3 配置信息

PC2	IP 地址:192.168.1.2 子网掩码:255.255.255.0 默认网关:192.168.1.1 连接 Switch1 的 3 号端口 属于 vlan 10	PC3	IP 地址:192.168.1.3 子网掩码:255.255.255.0 默认网关:192.168.1.1 连接 Switch2 的 3 号端口 属于 vlan 10
Switch1	端口 fa0/1、f0/4 设为"trunk"	Switch2	端口 fa0/1、fa0/2 设为"trunk"

(1) 配置交换机

默认情况下生成树协议(STP)是启用的,通过两台交换机之间传送网桥协议数据单元(BPDU),选出根交换机、根端口等,以便确定端口的转发状态。

①配置交换机 Switch1。

  Switch＞en

  Switch#conf t

  Switch(config)#hostname Switch1

  Switch1(config)#end

  Switch1#show spanning-tree

  Switch1#vlan database

  Switch1(vlan)#vlan 10

  Switch1(vlan)#exit

  Switch1#conf t

  Switch1(config)#interface fa0/3

  Switch1(config-if)#switchport access vlan 10 //将 fa0/10 划分到 vlan 10

  Switch1(config-if)#exit

  Switch1(config)#interface range fa0/1 - 2 //设置 fa0/1、fa0/2 端口状态为 trunk 模式

  Switch1(config-if-range)#switchport mode trunk

  Switch1(config-if-range)#exit

  Switch1(config)#spanning-tree mode rapid-pvst

  Switch1(config)#exit

②配置交换机 Switch2。

  Switch＞en

  Switch#show spanning-tree

  Switch#conf t

  Switch(config)#hostname Switch2

  Switch2(config)#exit

  Switch2#vlan database

  Switch2(vlan)#vlan 10

  Switch2(vlan)#exit

  Switch2#conf t

  Switch2(config)#interface fa0/3

  Switch2(config-if)#switchport access vlan 10

  Switch2(config-if)#exit

Switch2(config)#interface range fa0/1 - 2

Switch2(config-if-range)#switchport mode trunk

Switch2(config-if-range)#exit

Switch2(config)#spanning-tree mode rapid-pvst

Switch2(config)#exit

（2）测试

当主链路处于关闭（down）状态时，能够自动地切换到备份链路，保证数据的正常转发。在交换机 Switch2 上关掉端口 fa0/1。

Switch2>en

Switch2#conf t

Switch2(config)#int fa0/1

Switch2(config-if)#shutdown   //关掉端口 fa0/1

Switch2(config-if)#end

Switch2#show spanning-tree

在 PC2 上使用 ping 命令测试与 PC3 的连通性，发现能连通，如图 3-40 所示。

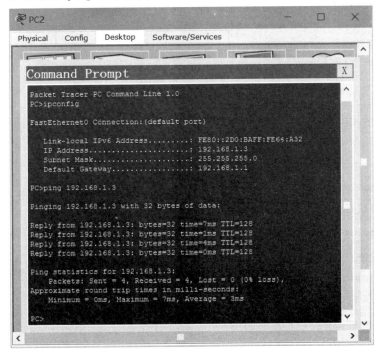

图 3-40　配置后连接测试

案例 3-4　vlan 间路由

用 CPTS 绘制如图 3-41 所示的图形，添加 1 台多层交换机（3560）、4 台 PC，修改 PC 名称分别为 PC0、PC1、PC2 和 PC3。配置信息如表 3-4 所示。

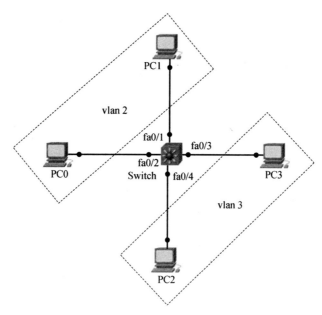

图 3-41　vlan 路由的配置实例图

表 3-4　主机配置信息

PC0	IP 地址：192.168.0.2 子网掩码：255.255.255.0 默认网关：192.168.0.1 连接交换机 Switch 的 2 号端口 属于 vlan 2	PC1	IP 地址：192.168.0.3 子网掩码：255.255.255.0 默认网关：192.168.0.1 连接交换机 Switch 的 1 号端口 属于 vlan 2
PC2	IP 地址：192.168.1.2 子网掩码：255.255.255.0 默认网关：192.168.1.1 连接 Switch 的 4 号端口 属于 vlan 3	PC3	IP 地址：192.168.1.3 子网掩码：255.255.255.0 默认网关：192.168.1.1 连接交换机 Switch 的 3 号端口 属于 vlan 3

(1) 配置交换机

```
Switch＞en
Switch#vlan database                    //进入 vlan 数据库
Switch(vlan)#vlan 2                     //建立 vlan 2
Switch(vlan)#vlan 3                     //建立 vlan 3
Switch(vlan)#exit                       //退出 vlan 配置模式
Switch#conf ter
Switch(config)#intrange fa 0/1，fa 0/2   //将端口 1,2 划分到 vlan 2
Switch(config-if-range)#switchport mode access
Switch(config-if-range)#switchport access vlan 2
Switch(config-if-range)#exit
Switch(config)#intrange fa 0/3，fa 0/4   //将端口 3,4 划分到 vlan 3
Switch(config-if-range)#switchport mode access
Switch(config-if-range)#switchport access vlan 3
Switch(config-if-range)#exit
Switch(config)# intvlan 2
Switch(config-if)#ip address 192.168.0.1 255.255.255.0
Switch(config-if)#exit
Switch(config)# intvlan 3
Switch(config-if)#ip address 192.168.1.1 255.255.255.0
Switch(config-if)#exit
Switch(config)#ip routing
Switch(config)#exit
Switch#showrun
```

(2) 测试

在 PC2 上用 ping 命令进行测试,连接到交换机的各个主机之间都可以连通,如图 3-42 所示。

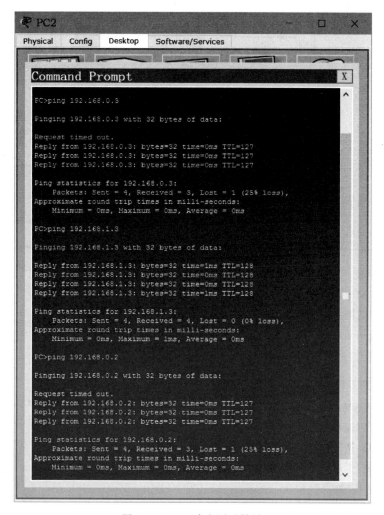

图 3-42 vlan 路由测试结果

案例 3-5 三层交换机的配置

三层交换机具备网络层的功能,通过识别数据包的 IP 地址,查找路由表进行选路转发,利用直连路由实现不同 vlan 之间的互相访问。配置三层交换机给接口的 IP 地址,采用 SVI[①] 的方式实现 vlan 间互连。

用 CPTS 绘制如图 3-43 所示的图形,添加 1 台多层交换机(3560)、1 台二层交换机(2960-24)、4 台 PC,修改 PC 名称分别为 PC1、PC2、PC3 和 PC4。配置信息如表 3-5 所示。

---

① SVI 是指为交换机中的 vlan 创建虚拟接口,并且配置 IP 地址信息。

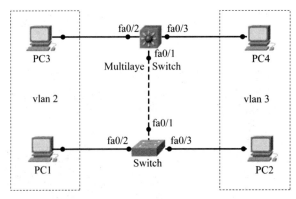

图 3-43 三层交换机配置实例图

表 3-5 配置信息

PC1	IP 地址:192.168.1.2 子网掩码:255.255.255.0 默认网关:192.168.1.1 连接交换机 Switch 的 2 号端口 属于 vlan 2	PC3	IP 地址:192.168.1.3 子网掩码:255.255.255.0 默认网关:192.168.1.1 连接交换机 Multilayer Switch 的 2 号端口 属于 vlan 2
PC2	IP 地址:192.168.2.2 子网掩码:255.255.255.0 默认网关:192.168.2.1 连接交换机 Switch 的 3 号端口 属于 vlan 3	PC4	IP 地址:192.168.2.3 子网掩码:255.255.255.0 默认网关:192.168.2.1 连接交换机 Multilayer Switch 的 3 号端口 属于 vlan 3

(1)配置交换机

①在二层交换机 Switch 上配置 vlan 2、vlan 3,分别将端口 2、端口 3 划到 vlan 2、vlan 3。将二层交换机与三层交换机相连的端口 fa0/1 定义为"trunk"。

```
Switch>en
Switch#conf t
Switch(config)#vlan 2
Switch(config-vlan)#exit
Switch(config)#vlan 3
Switch(config-vlan)#exit
Switch(config)#interface fa0/2
```

Switch(config-if)♯switchport access vlan 2

Switch(config-if)♯exit

Switch(config)♯interface fa0/3

Switch(config-if)♯switchport access vlan 3

Switch(config-if)♯exit

Switch(config)♯interface fa0/1

Switch(config-if)♯switchport mode trunk

Switch(config-if)♯exit

②在三层交换机 Multilayer Switch 上配置 vlan 2、vlan 3,分别将端口 2、端口 3 划到 vlan 2、vlan 3。

Switch>en

Switch♯conf t

Switch(config)♯vlan 2

Switch(config-vlan)♯exit

Switch(config)♯vlan 3

Switch(config-vlan)♯exit

Switch(config)♯interface fa0/2

Switch(config-if)♯switchport access vlan 2

Switch(config-if)♯exit

Switch(config)♯interface fa0/3

Switch(config-if)♯switchport access vlan 3

Switch(config-if)♯exit

Switch(config)♯

③设置三层交换机 Multilayer Switch vlan 间通信,创建 vlan 2、vlan 3 的虚拟接口,并配置虚拟接口 vlan 2、vlan 3 的 IP 地址。将主机的默认网关分别设置为相应虚拟接口的 IP 地址。

Switch(config)♯interface vlan 2   //创建 vlan 2 的虚拟接口

Switch(config-if)♯ip address 192.168.1.1 255.255.255.0

//配置虚拟接口 vlan 2 的 IP 地址

Switch(config-if)♯no shutdown

Switch(config-if)♯exit

Switch(config)♯interface vlan 3   //创建 vlan 3 的虚拟接口

Switch(config-if)♯ip address 192.168.2.1 255.255.255.0

//配置虚拟接口 vlan 2 的 IP 地址

Switch(config-if)♯no shutdown

Switch(config-if)#exit
Switch(config)#ip routing
Switch# show ip route   //查看三层交换机路由表

（2）测试

在 PC3 上用 ping 命令进行测试，连接到交换机的各个主机之间都可以连通，如图 3-44 所示。

图 3-44　连接测试

3.4 路由器的配置

3.4.1 路由器的基本配置

用CPTS绘制如图3-45所示的图形,添加1台路由器(1841)和1个PC。配置路由器的管理IP地址,并为用户配置远程登录用户名和密码。配置PC的IP地址信息(与路由器管理IP地址在同一个网段)。通过网线将PC和路由器相连,通过PC远程登录到路由器上进行查看配置。配置信息如表3-6所示。

图3-45 路由器基本配置实例

表3-6 配置信息

PC1	IP地址:192.168.1.2 子网掩码:255.255.255.0 默认网关:192.168.1.1 连接路由器R1的0号端口
R1	IP地址:192.168.1.1 子网掩码:255.255.255.0

(1)配置路由器

```
Continue with configuration dialog? [yes/no]: yes

Would you like to enter basic management setup? [yes/no]: yes

Enter host name [Router]: 1841

Enter enable secret: 123456

Enter enable password: 654321

Enter virtual terminal password: 123

Configure SNMP Network Management? [no]: yes

Community string [public]: 回车
```

management network from the above interface summary：fastEthernet0/0

Configure IP on this interface？［yes］：yes

IP address for this interface：192.168.1.1

Subnet mask for this interface［255.255.255.0］：255.255.255.0

Enter your selection［2］：2

1841＞en

Password：123456

1841#conf t

1841(config)#interface fa0/0

1841(config-if)#no shutdown   //路由器端口默认关闭

1841(config-if)#exit

1841(config)#hostname R1   //修改路由器主机名

R1(config)#enable password 123456   //设置进入特权模式密码

R1(config)#line vty 0 4

R1(config-line)#password abc123   //设置远程登录密码

R1(config-line)#login

R1(config-line)#exit

R1(config)#interface fa0/0

R1(config-if)#ip address 192.168.1.1 255.255.255.0   //配置路由器的管理IP地址

R1(config-if)#no shutdown   //开启端口

R1(config-if)#end

R1#copy running-config startup-config

Destination filename［startup-config］？回车

Building configuration...

［OK］

(2)配置PC1

"PC1"IP地址信息的配置,如图3-46所示。

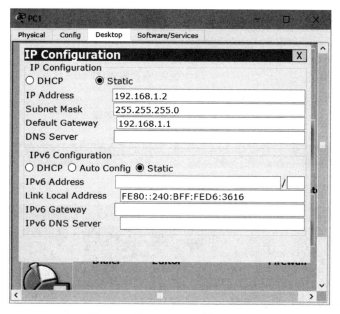

图 3-46 "PC1"IP 地址信息配置

(3)测试

①在 PC1 上查看配置信息,测试连通性,如图 3-47 所示。

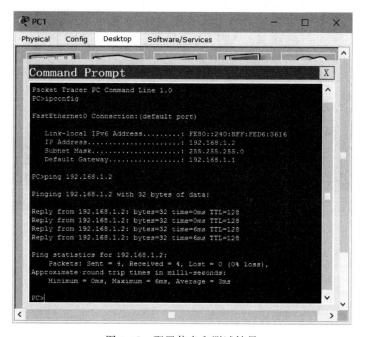

图 3-47 配置信息和测试结果

②远程登录路由器,查看路由器的配置信息,如图 3-48 所示,图中在如下处需要输入密码。

User Access Verification
Password：　　　　　　　　　　　　//输入"vty"密码,即 abc123
R1＞en
Password：　　　　　　　　　　　　//输入"enable"密码

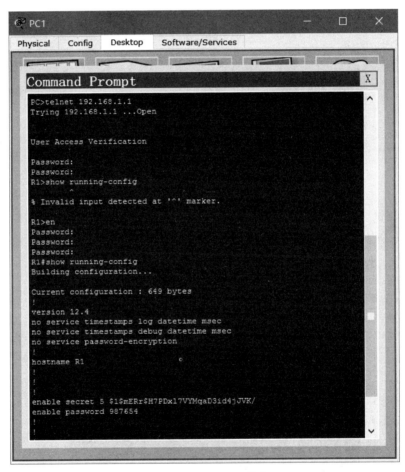

图 3-48　路由器配置信息

案例 3-6 单臂路由[①]的配置

用 CPTS 绘制如图 3-49 所示的图形,添加 1 台路由器(1841)、1 台交换机(2960)和 2 台 PC。两台 PC 分别属于两个不同 vlan,配置 PC 的 IP 地址信息(与路由器管理 IP 地址在同一个网段)。通过网线将 PC 和交换机、交换机和路由器相连,分别配置交换机和路由器,借助路由器的路由功能,使两个 vlan 之间的 PC 能相互访问。配置信息如表 3-7 所示。

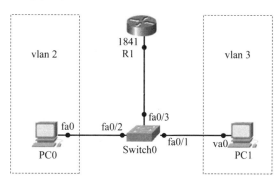

图 3-49 单臂路由器配置实例

表 3-7 配置信息

PC0	IP 地址:192.168.3.2 子网掩码:255.255.255.0 默认网关:192.168.1.1 连接交换机 Switch0 的 2 号端口 属于 vlan 2	PC1	IP 地址:192.168.2.2 子网掩码:255.255.255.0 默认网关:192.168.2.1 连接交换机 Switch0 的 1 号端口 属于 vlan 3
R1	IP 地址:192.168.1.1 子网掩码:255.255.255.0 连接交换机 Switch0 的 3 号端口		

(1)配置路由器

　　　Continue with configuration dialog?〔yes/no〕:yes
　　　Would you like to enter basic management setup?〔yes/no〕:yes
　　　Enter host name〔Router〕:1841

---

①　单臂路由:是为实现 vlan 间通信的三层网络设备路由器,它只需要一个以太网接口,通过创建子接口可以承担所有 vlan 的网关,而在不同的 vlan 间转发数据。

Enter enable secret：123456

Enter enable password：654321

Enter virtual terminal password：123

Configure SNMP Network Management? [no]：yes

Community string [public]：回车

management network from the above interface summary：fastEthernet0/0

Configure IP on this interface? [yes]：yes

IP address for this interface：192.168.1.1

Subnet mask for this interface [255.255.255.0]：255.255.255.0

Enter your selection [2]：2　回车

R>en

Password：123456

Router#conf t

Router(config)#hostname R1

R1(config)#interface fa0/0

R1(config-if)#no shutdown

R1(config-if)#exit

R1(config)#interface fa0/0.1

R1(config-subif)#encapsulation dot1Q 2

R1(config-subif)#ip address 192.168.3.1 255.255.255.0

R1(config-subif)#exit

R1(config)#interface fa0/0.2

R1(config-subif)#encapsulation dot1Q 3

R1(config-subif)#ip address 192.168.2.1 255.255.255.0

R1(config-subif)#exit

R1(config)#exit

R1#copy running-config startup-config

Destination filename [startup-config]? 回车

Building configuration...

[OK]

R1#show ip route

(2)配置PC

配置PC0和PC1的IP地址信息,如图3-50和图3-51所示。

第 3 章 网络管理

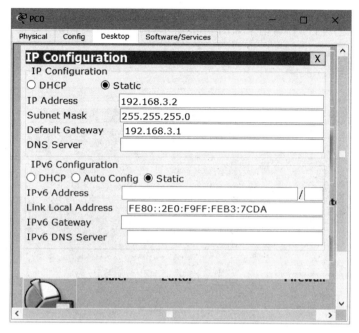

图 3-50 "PC0"IP 地址信息配置

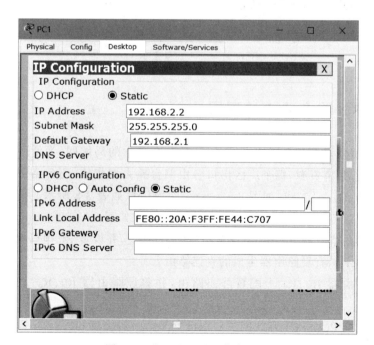

图 3-51 "PC1"IP 地址信息配置

(3)测试

在 PC1 上进行测试,结果如图 3-52 所示,两个 vlan 之间的 PC 能连通。

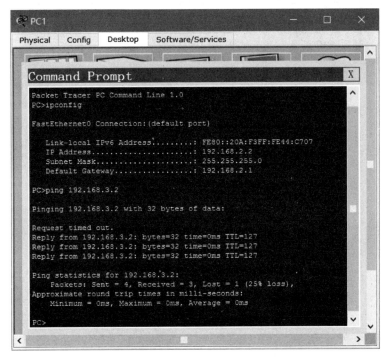

图 3-52 测试结果

3.4.3 静态路由的配置

要求:某公司有两个厂区,每个厂区是一个独立的局域网,为使两个厂区能正常相互访问,共享资源,每个厂区出口各由一台路由器相连,两台路由器之间设置数字数据网(DDN)专线,如图 3-53 所示,配置信息如表 3-8 所示。请对下面设备进行适当配置实现两个厂区间相互访问,配置要求如下。

① 分别在路由器 R0、R1 上配置接口的 IP 地址,并设置 R0 串口上的时钟频率为 64 000 MHz,查看路由器生成的直连路由。

② 在路由器 R0、R1 上配置静态路由,并验证路由器 R0、R1 上的静态路由配置。

③ 将主机 PC0、PC1 默认网关分别设置为路由器接口 fa0/1 的 IP 地址。

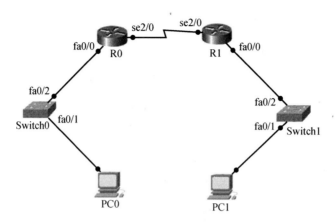

图 3-53 静态路由配置实例

表 3-8 配置信息

PC0	IP 地址:192.168.1.2 子网掩码:255.255.255.0 默认网关:192.168.1.1 连接交换机 Switch0 的 1 号端口	PC1	IP 地址:192.168.2.2 子网掩码:255.255.255.0 默认网关:192.168.2.1 连接交换机 Switch1 的 1 号端口
Switch0	端口 fa0/1 连接 PC0 端口 fa0/2 连接路由器 R0	Switch1	端口 fa0/1 连接 PC1 端口 fa0/2 连接路由器 R1
R0	端口 fa0/0 管理 192.168.1.1 端口 se2/0 管理 192.168.3.2	R1	端口 fa0/0 管理 192.168.2.1 端口 se2/0 管理 192.168.3.3

(1)配置路由器

①路由器 R0 的基本配置。

Continue with configuration dialog? [yes/no]: no 回车
Router＞enable
Router＃configure terminal
Router(config)＃
Router(config)＃hostname R0
R0(config)＃interface fa0/0
R0(config-if)＃no shutdown
R0(config-if)＃ip address 192.168.1.1 255.255.255.0
R0(config-if)＃exit

R0(config)#interface serial 2/0

R0(config-if)#no shutdown

R0(config-if)#clock rate 64000

R0(config-if)#ip address 192.168.3.2 255.255.255.0

R0(config-if)#end

②查看路由器 R0 的路由信息。

R0#show ip route　　　　//查看路由

显示结果如下：

Codes：C - connected，S - static，I - IGRP，R - RIP，M - mobile，B - BGP
　　　D - EIGRP，EX - EIGRP external，O - OSPF，IA - OSPF inter area
　　　N1 - OSPF NSSA external type 1，N2 - OSPF NSSA external type 2
　　　E1 - OSPF external type 1，E2 - OSPF external type 2，E - EGP
　　　i - IS-IS，L1 - IS-IS level-1，L2 - IS-IS level-2，ia - IS-IS inter area
　　　* - candidate default，U - per-user static route，o - ODR
　　　P - periodic downloaded static route

Gateway of last resort is not set

C 192.168.1.0/24 is directly connected，FastEthernet0/0

③为路由器 R0 配置静态路由。

R0#conf t

Enter configuration commands，one per line. End with CNTL/Z.

R0(config)#ip route 192.168.2.0 255.255.255.0 192.168.3.3

④查看路由器 R0 的路由信息。

R0#show ip route　　　　//查看路由

显示结果如下：

Codes：C - connected，S - static，I - IGRP，R - RIP，M - mobile，B - BGP
　　　D - EIGRP，EX - EIGRP external，O - OSPF，IA - OSPF inter area
　　　N1 - OSPF NSSA external type 1，N2 - OSPF NSSA external type 2
　　　E1 - OSPF external type 1，E2 - OSPF external type 2，E - EGP
　　　i - IS-IS，L1 - IS-IS level-1，L2 - IS-IS level-2，ia - IS-IS inter area
　　　* - candidate default，U - per-user static route，o - ODR
　　　P - periodic downloaded static route

Gateway of last resort is not set

C 192.168.1.0/24 is directly connected，FastEthernet0/0

S 192.168.2.0/24 [1/0] via 192.168.3.3

C 192.168.3.0/24 is directly connected，Serial2/0

⑤保存路由器 R0 的配置信息。

R0#copy running-config startup-config

Destination filename [startup-config]? 回车

Building configuration...

[OK]

⑥路由器 R1 的基本配置。

Continue with configuration dialog? [yes/no]: no

回车

Router>en

Router#conf t

Enter configuration commands, one per line. End with CNTL/Z.

Router(config)#hostname R1

R1(config)#interface fa0/0

R1(config-if)#no shutdown

R1(config-if)#

%LINK-5-CHANGED: Interface FastEthernet0/0, changed state to up

%LINEPROTO-5-UPDOWN: Line protocol on Interface FastEthernet0/0, changed state to up

R1(config-if)#ip address 192.168.2.1 255.255.255.0

R1(config-if)#exit

R1(config)#interface serial 2/0

R1(config-if)#no shutdown

R1(config-if)#

%LINK-5-CHANGED: Interface Serial2/0, changed state to up

R1(config-if)#

%LINEPROTO-5-UPDOWN: Line protocol on Interface Serial2/0, changed state to up

R1(config-if)#ip address 192.168.3.3 255.255.255.0

R1(config-if)#end

R1#

%SYS-5-CONFIG_I: Configured from console by console

⑦查看路由器 R1 的路由信息。

R1#show ip route   //查看路由信息

显示结果如下：

Codes: C - connected, S - static, I - IGRP, R - RIP, M - mobile, B - BGP
       D - EIGRP, EX - EIGRP external, O - OSPF, IA - OSPF inter area
       N1 - OSPF NSSA external type 1, N2 - OSPF NSSA external type 2

E1 - OSPF external type 1, E2 - OSPF external type 2, E - EGP
i - IS-IS, L1 - IS-IS level-1, L2 - IS-IS level-2, ia - IS-IS inter area
* - candidate default, U - per-user static route, o - ODR
P - periodic downloaded static route

Gateway of last resort is not set
C 192.168.2.0/24 is directly connected, FastEthernet0/0
C 192.168.3.0/24 is directly connected, Serial2/0

⑧为路由器 R1 配置静态路由。

R1#conf t
Enter configuration commands, one per line. End with CNTL/Z.
R1(config)#ip route 192.168.1.0 255.255.255.0 192.168.3.2
R1(config)#end
R1#
%SYS-5-CONFIG_I：Configured from console by console

⑨查看路由器 R1 的路由信息。

R1#show ip route   //查看路由信息

显示结果如下：

Codes：C - connected, S - static, I - IGRP, R - RIP, M - mobile, B - BGP
D - EIGRP, EX - EIGRP external, O - OSPF, IA - OSPF inter area
N1 - OSPF NSSA external type 1, N2 - OSPF NSSA external type 2
E1 - OSPF external type 1, E2 - OSPF external type 2, E - EGP
i - IS-IS, L1 - IS-IS level-1, L2 - IS-IS level-2, ia - IS-IS inter area
* - candidate default, U - per-user static route, o - ODR
P - periodic downloaded static route

Gateway of last resort is not set
S 192.168.1.0/24 [1/0] via 192.168.3.2
C 192.168.2.0/24 is directly connected, FastEthernet0/0
C 192.168.3.0/24 is directly connected, Serial2/0

⑩保存路由器 R1 的配置信息。

R1#copy running-config startup-config
Destination filename [startup-config]? 回车
Building configuration...
[OK]

(3)配置 PC

配置 PC0 和 PC1 的 IP 地址信息，如图 3-54 和图 3-55 所示。

第 3 章 网络管理

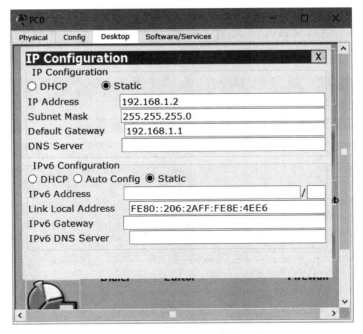

图 3-54 "PC0"IP 地址信息配置

图 3-55 "PC1"IP 地址信息配置

(4)测试

在 PC0 上进行测试,结果如图 3-56 所示,不同地区的两台 PC 之间能够相互访问。

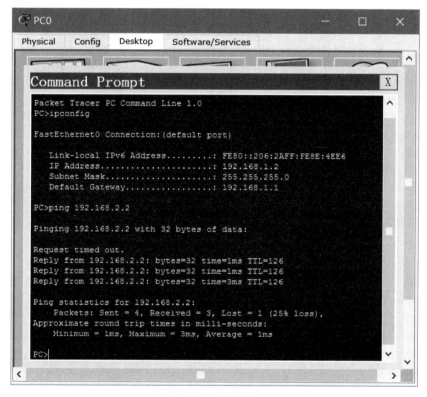

图 3-56　连接测试

3.4.4　动态路由的配置-RIP

要求:某公司网络通过 1 台三层交换机连到公司出口路由器上,路由器再和公司外的另一台路由器连接,如图 3-57 所示。配置相应设备,配置信息如表 3-9 所示。采用 RIP v2[①] 实现公司内网与外网主机之间的相互通信。配置要求如下。

---

① RIP(Routing Information Protocols,路由信息协议)是应用较早、使用较普遍的内部网关协议(IGP),适用于小型同类网络。RIP 协议以跳数衡量路径开销,最大跳数为 15。RIP 协议有两个版本:RIP v1 和 RIP v2。RIP v1 属于有类路由协议,不支持 VLSM,以广播形式进行路由信息的更新,更新周期为 30 s;RIP v2 属于无类路由协议,支持 VLSM,以组播形式进行路由更新。

① 在交换机 S3560 上划分 vlan 10 和 vlan 20，其中 vlan 10 用于连接公司主机，vlan 20 用于连接路由器 R1。

② 路由器之间通过 V.35 电缆通过串口连接，数据通信设备（DCE）端连接在路由器 R1 上，配置其时间频率为 64 000 MHz。

③ 主机和交换机通过直连线连接，主机与路由器通过交叉线连接。

④ 在交换机 S3560 和路由器 R1、R2 上配置 RIP v2 路由协议。

⑤ 将 PC1、PC2 的默认网关分别设置为与直连网络设备接口的 IP 地址，测试 PC1 和 PC2 的互通性。

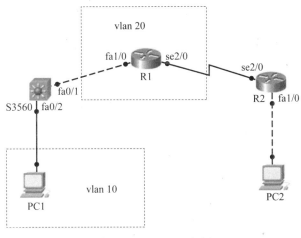

图 3-57　RIP 配置实例

表 3-9　配置信息

PC1	IP 地址：192.168.1.2 子网掩码：255.255.255.0 默认网关：192.168.1.1 连接交换机 S3560 的 2 号端口	PC2	IP 地址：192.168.2.2 子网掩码：255.255.255.0 默认网关：192.168.2.1 连接路由器 R2 的 1 号端口
S3560	端口 fa0/2 连接 PC0，IP 地址为 192.168.1.1，属于 vlan 10 端口 fa0/1 连接路由器 R1 fa1/0 口，IP 地址为 192.168.3.1，属于 vlan 20		
R1	端口 fa1/0 管理 192.168.3.2 端口 se2/0 管理 192.168.4.1	R2	端口 fa1/0 管理 192.168.2.1 端口 se 2/0 管理 192.168.4.2

(1) 配置交换机

Switch＞en

Switch＃conf t

Switch(config)#hostname S3560

S3560(config)#vlan 10

S3560(config-vlan)#exit

S3560(config)#vlan 20

S3560(config-vlan)#exit

S3560(config)#interface fa0/2

S3560(config-if)#switchport access vlan 10

S3560(config-if)#exit

S3560(config)#interface fa0/1

S3560(config-if)#switchport access vlan 20

S3560(config-if)#exit

S3560(config)#interface vlan 10

S3560(config-if)#ip address 192.168.1.1 255.255.255.0

S3560(config-if)#exit

S3560(config)#interface vlan 20

S3560(config-if)#ip address 192.168.3.1 255.255.255.0

S3560(config-if)#exit

S3560(config)#ip routing

S3560(config)#router rip

S3560(config-router)#network 192.168.1.0

S3560(config-router)#network 192.168.3.0

S3560(config-router)#version 2

S3560(config-router)#end

S3560#copy running-config startup-config

Destination filename [startup-config]? 回车

Building configuration...

[OK]

S3560#show ip route   //查看路由信息,显示结果

Codes：C - connected, S - static, I - IGRP, R - RIP, M - mobile, B - BGP
   D - EIGRP, EX - EIGRP external, O - OSPF, IA - OSPF inter area
   N1 - OSPF NSSA external type 1, N2 - OSPF NSSA external type 2
   E1 - OSPF external type 1, E2 - OSPF external type 2, E - EGP
   i - IS-IS, L1 - IS-IS level-1, L2 - IS-IS level-2, ia - IS-IS inter area
   * - candidate default, U - per-user static route, o - ODR

P - periodic downloaded static route

Gateway of last resort is not set

C 192.168.1.0/24 is directly connected，Vlan10

R 192.168.2.0/24 [120/2] via 192.168.3.2，00:00:23，Vlan20

C 192.168.3.0/24 is directly connected，Vlan20

R 192.168.4.0/24 [120/1] via 192.168.3.2，00:00:23，Vlan20

(2)配置路由器

①配置路由器R1。

Continue with configuration dialog? [yes/no]：no

Press RETURN to get started! 回车

Router＞en

Router#conf t

Router(config)#hostname R1

R1(config)#interface fa1/0

R1(config-if)#no shutdown

R1(config-if)#ip address 192.168.3.2 255.255.255.0

R1(config-if)#exit

R1(config)#interface serial 2/0

R1(config-if)#no shutdown

R1(config-if)#clock rate 64000

R1(config-if)#ip address 192.168.4.1 255.255.255.0

R1(config-if)#exit

R1(config)#router rip

R1(config-router)#network 192.168.3.0

R1(config-router)#network 192.168.4.0

R1(config-router)#version 2

R1(config-router)#end

R1#copy running-config startup-config

Destination filename [startup-config]? 回车

Building configuration...

[OK]

R1#show ip route   //查看路由信息,显示结果

Codes：C - connected，S - static，I - IGRP，R - RIP，M - mobile，B - BGP

　　　D - EIGRP，EX - EIGRP external，O - OSPF，IA - OSPF inter area

　　　N1 - OSPF NSSA external type 1，N2 - OSPF NSSA external type 2

　　　E1 - OSPF external type 1，E2 - OSPF external type 2，E - EGP

  i - IS-IS, L1 - IS-IS level-1, L2 - IS-IS level-2, ia - IS-IS inter area

  * - candidate default, U - per-user static route, o - ODR

  P - periodic downloaded static route

Gateway of last resort is not set

R 192.168.1.0/24 [120/1] via 192.168.3.1, 00:00:04, FastEthernet1/0

R 192.168.2.0/24 [120/1] via 192.168.4.2, 00:00:09, Serial2/0

C 192.168.3.0/24 is directly connected, FastEthernet1/0

C 192.168.4.0/24 is directly connected, Serial2/0

②配置路由器R2。

Continue with configuration dialog? [yes/no]: no

Press RETURN to get started! 回车

Router>en

Router#conf

Router(config)#hostname R2

R2(config)#interface fa1/0

R2(config-if)#no shutdown

R2(config-if)#ip address 192.168.2.1 255.255.255.0

R2(config-if)#exit

R2(config)#interface serial 2/0

R2(config-if)#no shutdown

R2(config-if)#ip address 192.168.4.2 255.255.255.0

R2(config-if)#end

R2#conf t

R2(config)#router rip

R2(config-router)#network 192.168.2.0

R2(config-router)#network 192.168.4.0

R2(config-router)#version 2

R2(config-router)#end

R2#copy running-config startup-config

Destination filename [startup-config]? 回车

Building configuration...

[OK]

R2#show ip route   //查看路由信息，显示结果

Codes：C - connected，S - static，I - IGRP，R - RIP，M - mobile，B - BGP

   D - EIGRP，EX - EIGRP external，O - OSPF，IA - OSPF inter area

   N1 - OSPF NSSA external type 1，N2 - OSPF NSSA external type 2

   E1 - OSPF external type 1，E2 - OSPF external type 2，E - EGP

   i - IS-IS，L1 - IS-IS level-1，L2 - IS-IS level-2，ia - IS-IS inter area

   * - candidate default，U - per-user static route，o - ODR

   P - periodic downloaded static route

Gateway of last resort is not set

R 192.168.1.0/24 [120/2] via 192.168.4.1，00:00:02，Serial2/0

C 192.168.2.0/24 is directly connected，FastEthernet1/0

R 192.168.3.0/24 [120/1] via 192.168.4.1，00:00:02，Serial2/0

C 192.168.4.0/24 is directly connected，Serial2/0

③配置PC。配置PC1和PC2的IP地址信息，如图3-58和图3-59所示。

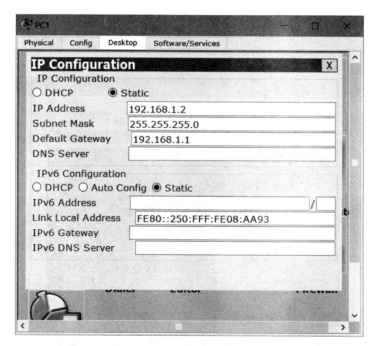

图3-58 "PC1"IP地址信息配置

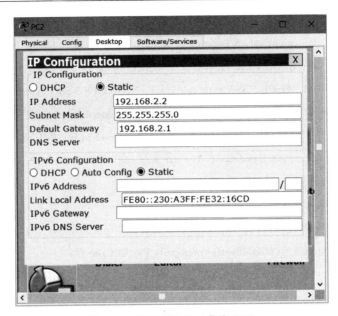

图 3-59 "PC2"IP 地址信息配置

(5)测试

在 PC1 上进行测试,结果如图 3-60 所示,公司内网的 PC 与外网的 PC 之间能够访问。

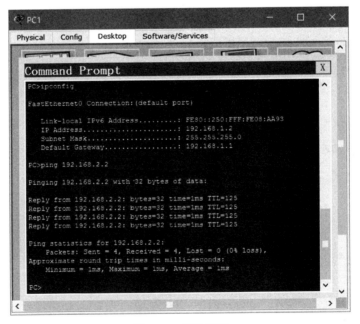

图 3-60 连接测试

3.4.5 动态路由的配置-OSPF

要求:某公司网络通过一台三层交换机连到公司出口路由器上,路由器再和公司外的另一台路由器连接,如图3-61所示。配置相应设备,配置信息如表3-10所示,采用开放式最短路径优先(OSPF)协议实现公司内网与外网主机之间的相互通信。配置要求如下。

①在三层交换机上划分vlan 10和vlan 20,其中vlan 10用于连接公司主机,vlan 20用于连接路由器R1。

②路由器之间通过V.35电缆通过串口连接,DCE端连接在路由器R1上,配置其时间频率为64 000 MHz。

③主机和交换机通过直连线连接,主机与路由器通过交叉线连接。

④为S3560和路由器R1、R2配置OSPF路由协议。

⑤将PC1、PC2主机默认网关分别设置为与直连网络设备接口的IP地址,测试PC1和PC2的互通性。

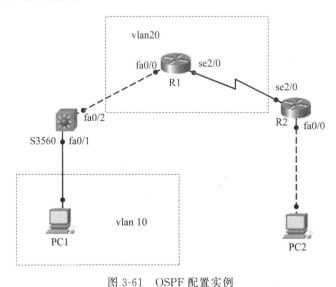

图3-61 OSPF配置实例

表 3-10 主机配置信息

PC1	IP 地址:192.168.1.2 子网掩码:255.255.255.0 默认网关:192.168.1.1 连接交换机 S3560 的 1 号端口 属于 vlan 10	PC2	IP 地址:192.168.2.2 子网掩码:255.255.255.0 默认网关:192.168.2.1 连接路由器 R2 的 0 号端口
S3560	端口 fa0/1 IP 地址 192.168.1.1 端口 fa0/2 IP 地址 192.168.3.1,连接路由器 R1 的 0 号端口		
R1	端口 fa0/0 管理 192.168.3.2 端口 se2/0 管理 192.168.4.1	R2	端口 fa0/0 管理 192.168.2.1 端口 se 2/0 管理 192.168.4.2

(1)配置交换机

Switch＞en
Switch#conf t
Switch(config)#hostname S3560
S3560(config)#vlan 10
S3560(config-vlan)#exit
S3560(config)#vlan 20
S3560(config-vlan)#exit
S3560(config)#interface fa0/1
S3560(config-if)#switchport access vlan 10
S3560(config-if)#exit
S3560(config)#interface fa0/2
S3560(config-if)#switchport access vlan 20
S3560(config-if)#exit
S3560(config)#interface vlan 10
S3560(config-if)#ip address 192.168.1.1 255.255.255.0
S3560(config-if)#exit
S3560(config)#interface vlan 20
S3560(config-if)#ip address 192.168.3.1 255.255.255.0
S3560(config-if)#exit
S3560(config)#router ospf 1
S3560(config-router)#network 192.168.1.0 0.0.0.255 area 0
S3560(config-router)#network 192.168.3.0 0.0.0.255 area 0
S3560(config-router)#end
S3560#copy running-config startup-config

Destination filename [startup-config]? 回车
Building configuration...
[OK]
S3560#show ip route   //R1 和 R2 配置前查看路由信息,显示结果
Codes：C - connected, S - static, I - IGRP, R - RIP, M - mobile, B - BGP
　　　D - EIGRP, EX - EIGRP external, O - OSPF, IA - OSPF inter area
　　　N1 - OSPF NSSA external type 1, N2 - OSPF NSSA external type 2
　　　E1 - OSPF external type 1, E2 - OSPF external type 2, E - EGP
　　　i - IS-IS, L1 - IS-IS level-1, L2 - IS-IS level-2, ia - IS-IS inter area
　　　* - candidate default, U - per-user static route, o - ODR
　　　P - periodic downloaded static route

Gateway of last resort is not set
C　　192.168.1.0/24 is directly connected, Vlan10
C　　192.168.3.0/24 is directly connected, Vlan20

S3560#show ip route   //R1 和 R2 配置完后查看路由信息,显示结果
Codes：C - connected, S - static, I - IGRP, R - RIP, M - mobile, B - BGP
　　　D - EIGRP, EX - EIGRP external, O - OSPF, IA - OSPF inter area
　　　N1 - OSPF NSSA external type 1, N2 - OSPF NSSA external type 2
　　　E1 - OSPF external type 1, E2 - OSPF external type 2, E - EGP
　　　i - IS-IS, L1 - IS-IS level-1, L2 - IS-IS level-2, ia - IS-IS inter area
　　　* - candidate default, U - per-user static route, o - ODR
　　　P - periodic downloaded static route

Gateway of last resort is not set
C 192.168.1.0/24 is directly connected, Vlan10
O 192.168.2.0/24 [110/66] via 192.168.3.2, 00:01:14, Vlan20
C 192.168.3.0/24 is directly connected, Vlan20
O 192.168.4.0/24 [110/65] via 192.168.3.2, 00:01:24, Vlan20

(2)配置路由器
①配置路由器 R1。

Continue with configuration dialog? [yes/no]: no
Press RETURN to get started! 回车
Router>en
Router#conf t
Router(config)#hostname R1
R1(config)#interface fa0/0
R1(config-if)#no shutdown
R1(config-if)#ip address 192.168.3.2 255.255.255.0

R1(config-if)# exit

R1(config)# interface serial 2/0

R1(config-if)# no shutdown

R1(config-if)# clock rate 64000

R1(config-if)# ip address 192.168.4.1 255.255.255.0

R1(config-if)# exit

R1(config)# router ospf 1

R1(config-router)# network 192.168.3.0 0.0.0.255 area 0

R1(config-router)# network 192.168.4.0 0.0.0.255 area 0

R1(config-router)# end

R1# copy running-config startup-config

Destination filename [startup-config]? 回车

Building configuration...

[OK]

R1# show ip route   //交换机和路由器 **R1** 配置前查看路由信息,显示结果

Codes: C - connected, S - static, I - IGRP, R - RIP, M - mobile, B - BGP

　　　D - EIGRP, EX - EIGRP external, O - OSPF, IA - OSPF inter area

　　　N1 - OSPF NSSA external type 1, N2 - OSPF NSSA external type 2

　　　E1 - OSPF external type 1, E2 - OSPF external type 2, E - EGP

　　　i - IS-IS, L1 - IS-IS level-1, L2 - IS-IS level-2, ia - IS-IS inter area

　　　* - candidate default, U - per-user static route, o - ODR

　　　P - periodic downloaded static route

Gateway of last resort is not set

O　　192.168.1.0/24 [110/2] via 192.168.3.1, 00:00:09, FastEthernet0/0

C　　192.168.3.0/24 is directly connected, FastEthernet0/0

R1# show ip route   //交换机和路由器 **R1** 配置后查看路由信息,显示结果

Codes: C - connected, S - static, I - IGRP, R - RIP, M - mobile, B - BGP

　　　D - EIGRP, EX - EIGRP external, O - OSPF, IA - OSPF inter area

　　　N1 - OSPF NSSA external type 1, N2 - OSPF NSSA external type 2

　　　E1 - OSPF external type 1, E2 - OSPF external type 2, E - EGP

　　　i - IS-IS, L1 - IS-IS level-1, L2 - IS-IS level-2, ia - IS-IS inter area

　　　* - candidate default, U - per-user static route, o - ODR

　　　P - periodic downloaded static route

Gateway of last resort is not set

O 192.168.1.0/24 [110/2] via 192.168.3.1, 01:00:45, FastEthernet0/0

O 192.168.2.0/24 [110/65] via 192.168.4.2, 00:00:04, Serial2/0

C 192.168.3.0/24 is directly connected, FastEthernet0/0

C 192.168.4.0/24 is directly connected, Serial2/0

② 配置路由器 R2。

Continue with configuration dialog? [yes/no]: no
Press RETURN to get started! 回车
Router>en
Router#conf
Router(config)#hostname R2
R2(config)#interface fa1/0
R2(config-if)#no shutdown
R2(config-if)#exit
R2(config-if)#ip address 192.168.2.1 255.255.255.0
R2(config-if)#exit
R2(config)#interface serial 2/0
R2(config-if)#no shutdown
R2(config-if)#ip address 192.168.4.2 255.255.255.0
R2(config-if)#end
R2#conf t
R2(config)#router rip
R2(config-router)#network 192.168.2.0
R2(config-router)#network 192.168.4.0
R2(config-router)#version 2
R2(config-router)#end
R2#copy running-config startup-config
Destination filename [startup-config]? 回车
Building configuration...
[OK]
R2#show ip route //交换机和路由器 R2 配置前查看路由信息,显示结果
Codes: C - connected, S - static, I - IGRP, R - RIP, M - mobile, B - BGP
   D - EIGRP, EX - EIGRP external, O - OSPF, IA - OSPF inter area
   N1 - OSPF NSSA external type 1, N2 - OSPF NSSA external type 2
   E1 - OSPF external type 1, E2 - OSPF external type 2, E - EGP
   i - IS-IS, L1 - IS-IS level-1, L2 - IS-IS level-2, ia - IS-IS inter area
   * - candidate default, U - per-user static route, o - ODR
   P - periodic downloaded static route

Gateway of last resort is not set

C 192.168.2.0/24 is directly connected, FastEthernet0/0
C 192.168.4.0/24 is directly connected, Serial2/0

R2#show ip route //交换机和路由器 R2 配置后查看路由信息,显示结果
Codes: C - connected, S - static, I - IGRP, R - RIP, M - mobile, B - BGP
   D - EIGRP, EX - EIGRP external, O - OSPF, IA - OSPF inter area

N1 - OSPF NSSA external type 1，N2 - OSPF NSSA external type 2
E1 - OSPF external type 1，E2 - OSPF external type 2，E - EGP
i - IS-IS，L1 - IS-IS level-1，L2 - IS-IS level-2，ia - IS-IS inter area
* - candidate default，U - per-user static route，o - ODR
P - periodic downloaded static route

Gateway of last resort is not set
O 192.168.1.0/24 [110/66] via 192.168.4.1，00：02：30，Serial2/0
C 192.168.2.0/24 is directly connected，FastEthernet0/0
O 192.168.3.0/24 [110/65] via 192.168.4.1，00：02：30，Serial2/0
C 192.168.4.0/24 is directly connected，Serial2/0

(3)配置 PC

配置 PC1 和 PC2 的 IP 地址信息，如图 3-58 和图 3-59 所示。

(4)测试

在 PC1 上进行测试，结果如图 3-62 所示，公司内网的 PC 与外网的 PC 之间能够访问。

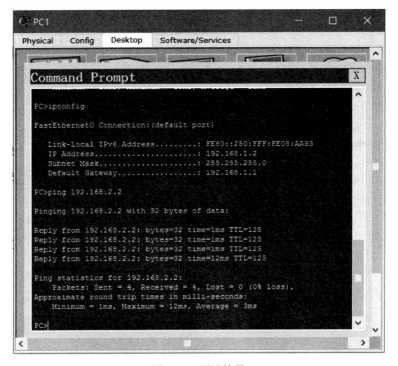

图 3-62　测试结果

3.4.6 IP 访问控制列表的配置

要求:某公司人事部、财务部和销售部分别属于 3 个不同的网段,3 个部门之间用路由器传递信息,为了安全起见,要求销售部不能对财务部进行访问,但人事部可以对财务部进行访问。拓扑结构如图 3-63 所示,配置信息如表 3-11 所示,配置要求如下。

①路由器之间通过 V.35 电缆串口连接,DCE 端连接在路由器 R0 上,配置其时间频率为 64 000 MHz;主机与路由器通过交叉线连接。

②配置路由器接口 IP 地址和 OSPF 协议,让 3 台 PC 能相互连通。

③在路由器 R0 上配置编号的 IP 标准访问控制列表,将标准 IP 访问列表应用到接口上。

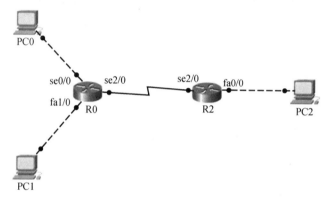

图 3-63　IP 访问控制列表的配置实例

表 3-11　配置信息

PC0(人事)	IP 地址:192.168.1.2 子网掩码:255.255.255.0 默认网关:192.168.1.1 连接路由器 R0 的 0 号端口	PC1(销售)	IP 地址:192.168.2.2 子网掩码:255.255.255.0 默认网关:192.168.2.1 连接路由器 R0 的 1 号端口
PC2(财务)	IP 地址:192.168.4.2 子网掩码:255.255.255.0 默认网关:192.168.4.1 连接路由器 R2 的 0 号端口		
R0	端口 fa0/0 管理 192.168.1.1 端口 fa1/0 管理 192.168.2.1 端口 se2/0 管理 192.168.3.1	R2	端口 fa0/0 管理 192.168.4.1 端口 se2/0 管理 192.168.3.2

(1)配置路由器

①路由器 R0 的基本配置。

  Continue with configuration dialog? [yes/no]：no 回车

  Router＞enable

  Router＃configure terminal

  Router(config)＃hostname R0

  R0(config)＃interface fa0/0

  R0(config-if)＃ip address 192.168.1.1 255.255.255.0

  R0(config-if)＃no shutdown

  R0(config-if)＃

  ％LINK-5-CHANGED：Interface FastEthernet0/0，changed state to up

  ％LINEPROTO-5-UPDOWN：Line protocol on Interface FastEthernet0/0，changed state to up

  R0(config-if)＃exit

  R0(config)＃interface fa1/0

  R0(config-if)＃ip address 192.168.2.1 255.255.255.0

  R0(config-if)＃no shutdown

  R0(config-if)＃

  ％LINK-5-CHANGED：Interface FastEthernet1/0，changed state to up

  ％LINEPROTO-5-UPDOWN：Line protocol on Interface FastEthernet1/0，changed state to up

  R0(config-if)＃exit

  R0(config)＃int se2/0

  R0(config-if)＃clock rate 64000

  R0(config-if)＃ip address 192.168.3.1 255.255.255.0

  R0(config-if)＃no shut

  ％LINK-5-CHANGED：Interface Serial2/0，changed state to down

  R0(config-if)＃exit

  R0(config)＃router ospf 1

  R0(config-router)＃network 192.168.1.0 255.255.255.0 area 0

  R0(config-router)＃network 192.168.2.0 255.255.255.0 area 0

  R0(config-router)＃network 192.168.3.0 255.255.255.0 area 0

  R0(config-router)＃end

R0#show ip route   //路由器R1配置前查看R0的路由信息

Codes：C - connected，S - static，I - IGRP，R - RIP，M - mobile，B - BGP

      D - EIGRP，EX - EIGRP external，O - OSPF，IA - OSPF inter area

      N1 - OSPF NSSA external type 1，N2 - OSPF NSSA external type 2

      E1 - OSPF external type 1，E2 - OSPF external type 2，E - EGP

      i - IS-IS，L1 - IS-IS level-1，L2 - IS-IS level-2，ia - IS-IS inter area

      * - candidate default，U - per-user static route，o - ODR

      P - periodic downloaded static route

Gateway of last resort is not set

C 192.168.1.0/24 is directly connected，FastEthernet0/0

C 192.168.2.0/24 is directly connected，FastEthernet1/0

R0#SHOW IP ROUTE   //路由器R1配置后查看R0的路由信息

Codes：C - connected，S - static，I - IGRP，R - RIP，M - mobile，B - BGP

      D - EIGRP，EX - EIGRP external，O - OSPF，IA - OSPF inter area

      N1 - OSPF NSSA external type 1，N2 - OSPF NSSA external type 2

      E1 - OSPF external type 1，E2 - OSPF external type 2，E - EGP

      i - IS-IS，L1 - IS-IS level-1，L2 - IS-IS level-2，ia - IS-IS inter area

      * - candidate default，U - per-user static route，o - ODR

      P - periodic downloaded static route

Gateway of last resort is not set

C 192.168.1.0/24 is directly connected，FastEthernet0/0

C 192.168.2.0/24 is directly connected，FastEthernet1/0

C 192.168.3.0/24 is directly connected，Serial2/0

O 192.168.4.0/24 [110/65] via 192.168.3.2，00:02:35，Serial2/0

② 为路由器R0配置访问控制列表。

R0#conf t

R0(config)#ip access-list standard qaxy-con

R0(config-std-nacl)#permit 192.168.1.0 0.0.0.255   //允许192.168.1.0通过

R0(config-std-nacl)#deny 192.168.2.0 0.0.0.255   //禁止192.168.2.0通过

R0(config-std-nacl)#exit

R0(config)#interface se2/0

R0(config-if)♯ip access-group qaxy-con out

//将名为 qaxy-con 的 IP 标准访问控制列表应用到 se2/0 端口

R0(config-if)♯end

R0♯copy running-config startup-config

Destination filename [startup-config]? 回车

Building configuration...

[OK]

③配置路由器 R2。

Router＞en

Router♯conf t

Enter configuration commands, one per line. End with CNTL/Z.

Router(config)♯hostname R2

R2(config)♯interface fa0/0

R2(config-if)♯ip address 192.168.4.1 255.255.255.0

R2(config-if)♯no shut

R2(config-if)♯

%LINK-5-CHANGED: Interface FastEthernet0/0, changed state to up

%LINEPROTO-5-UPDOWN: Line protocol on Interface FastEthernet0/0, changed state to up

R2(config-if)♯exit

R2(config)♯int se2/0

R2(config-if)♯ip address 192.168.3.2 255.255.255.0

R2(config-if)♯no shut

R2(config-if)♯

%LINK-5-CHANGED: Interface Serial2/0, changed state to up

R2(config-if)♯exit

R2(config)♯router ospf 1   //配置 OSPF 路由协议

R2(config-router)♯network 192.168.3.0 255.255.255.0 area 0

R2(config-router)♯network 192.168.4.0 255.255.255.0 area 0

00:26:05: %OSPF-5-ADJCHG: Process 1, Nbr 192.168.3.1 on Serial2/0 from LOADING to FULL, Loading Done

R2(config-router)♯end

R2♯copy running-config startup-config

Destination filename [startup-config]? 回车

Building configuration...

[OK]

R2#show ip route

Codes：C - connected, S - static, I - IGRP, R - RIP, M - mobile, B - BGP

D - EIGRP, EX - EIGRP external, O - OSPF, IA - OSPF inter area

N1 - OSPF NSSA external type 1, N2 - OSPF NSSA external type 2

E1 - OSPF external type 1, E2 - OSPF external type 2, E - EGP

i - IS-IS, L1 - IS-IS level-1, L2 - IS-IS level-2, ia - IS-IS inter area

* - candidate default, U - per-user static route, o - ODR

P - periodic downloaded static route

Gateway of last resort is not set

O 192.168.1.0/24 [110/65] via 192.168.3.1, 00:00:25, Serial2/0

O 192.168.2.0/24 [110/65] via 192.168.3.1, 00:00:25, Serial2/0

C 192.168.3.0/24 is directly connected, Serial2/0

C 192.168.4.0/24 is directly connected, FastEthernet0/0

(2)配置 PC

配置 PC0 和 PC1 的 IP 地址信息,如图 3-64 和图 3-65 所示。

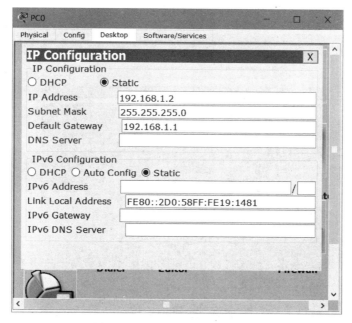

图 3-64 "PC0"IP 地址信息配置

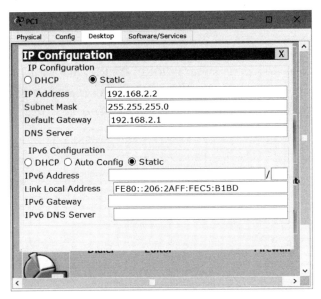

图 3-65 "PC1"IP 地址信息配置

(4)测试

在配置访问控制列表前,分别对 3 台 PC 进行测试。

①在 PC1 上测试结果如图 3-66 所示,代表 PC0 与 PC1 和 PC2 均能相互访问。

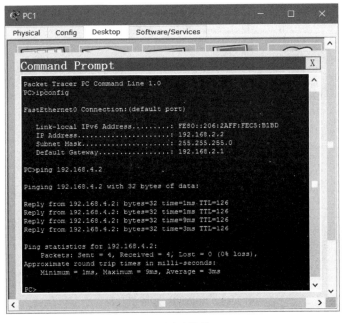

图 3-66 测试结果(1)

②在 PC0 上通过 ping 命令进行测试,结果如图 3-67 所示,代表能与 PC2 互相访问。

图 3-67 测试结果(2)

③访问控制列表配置完成后,分别对 3 台 PC 进行测试,测试结果如图 3-68 和图 3-69 所示。PC0 仍然能与 PC1 和 PC2 均能相互访问,但 PC1 与 PC2 之间不能访问。

图 3-68 测试结果(3)

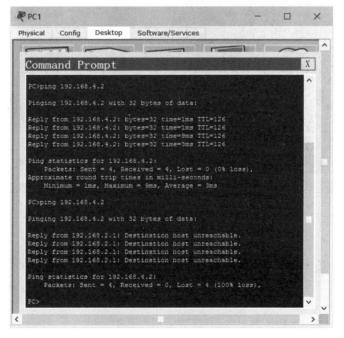

图 3-69 测试结果(4)

3.4.7 网络地址转换-NAT

要求:某公司欲发布 WWW 服务,要求将内网 Web 服务器的 IP 地址映射为全局 IP 地址,实现外网与内网的访问。拓扑结构如图 3-70 所示,配置信息如表 3-12 所示,配置要求如下。

①R1 为公司出口路由器,其与外部路由之间通过 V.35 电缆串口连接,DCE 端连接在路由器 R2 上,时钟频率为 64 000 MHz。
②配置 PC 机、服务器和路由器接口的 IP 地址。
③在各路由器上配置静态路由协议,让 PC 间能相互连通。
④在路由器 R2 上配置静态网络地址转换,并定义内外部网络接口。

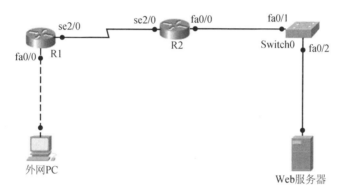

图 3-70 NAT 配置实例

表 3-12 配置信息

外网 PC	IP 地址:220.115.2.2 子网掩码:255.255.255.0 默认网关:220.115.2.1 连接路由器 R1 的 0 号端口	Web 服务器	IP 地址:192.168.1.2 子网掩码:255.255.255.0 默认网关:192.168.1.1 连接交换机 Switch0 的 2 号端口
R1	端口 fa0/0 管理 220.115.2.1 端口 se2/0 管理 220.115.1.1	R2	端口 fa0/0 管理 192.168.1.1 连接交换机 Switch0 的 1 号端口 端口 se2/0 管理 220.115.1.2 NAT IP 地址:220.115.1.3

(1)配置路由器
①配置路由器 R1。

Continue with configuration dialog? [yes/no]: no

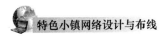

Press RETURN to get started!

Router＞en

Router#conf t

Router(config)#hostname R1

R1(config)#int fa0/0

R1(config-if)#ip add 220.115.2.1 255.255.255.0

R1(config-if)#no shut

R1(config-if)#

%LINK-5-CHANGED：Interface FastEthernet0/0，changed state to up

%LINEPROTO-5-UPDOWN：Line protocol on Interface FastEthernet0/0，changed state to up

R1(config-if)#exit

R1(config)#int se2/0

R1(config-if)#ip add 220.115.1.1 255.255.255.0

R1(config-if)#no shut

R1(config-if)#

%LINK-5-CHANGED：Interface Serial2/0，changed state to up

R1(config-if)#clock rate 64 000

R1(config-if)#exit

R1(config)#ip route 192.168.1.0 255.255.255.0 220.115.1.2

R1(config)#end

R1#copy running-config startup-config

Destination filename [startup-config]? 回车

Building configuration...

[OK]

R1#

%SYS-5-CONFIG_I：Configured from console by console

R1#show ip route

Codes：C - connected, S - static, I - IGRP, R - RIP, M - mobile, B - BGP
      D - EIGRP, EX - EIGRP external, O - OSPF, IA - OSPF inter area
      N1 - OSPF NSSA external type 1, N2 - OSPF NSSA external type 2
      E1 - OSPF external type 1, E2 - OSPF external type 2, E - EGP
      i - IS-IS, L1 - IS-IS level-1, L2 - IS-IS level-2, ia - IS-IS inter area
      * - candidate default, U - per-user static route, o - ODR
      P - periodic downloaded static route

Gateway of last resort is not set

S 192.168.1.0/24 [1/0] via 220.115.1.2

C 220.115.1.0/24 is directly connected，Serial2/0

C 220.115.2.0/24 is directly connected，FastEthernet0/0

②配置路由器 R2。

Continue with configuration dialog? [yes/no]: no
Press RETURN to get started! 回车
Router＞en
Router#conf t
Router(config)#hostname R2
R2(config)#int fa0/0
R2(config-if)#ip add 192.168.1.1 255.255.255.0
R2(config-if)#no shut
R2(config-if)#
%LINK-5-CHANGED: Interface FastEthernet0/0, changed state to up
%LINEPROTO-5-UPDOWN: Line protocol on Interface FastEthernet0/0, changed state to up
R2(config-if)#exit
R2(config)#interface serial2/0
R2(config-if)#ip add 220.115.1.2 255.255.255.0
R2(config-if)#no shutdown
%LINK-5-CHANGED: Interface Serial2/0, changed state to down
R2(config-if)#exit
R2(config)#ip route 220.115.2.0 255.255.255.0 220.115.1.1
R2(config)#end
R2#copy running-config startup-config
Destination filename [startup-config]? 回车
Building configuration...
[OK]
R2#show ip route
Codes: C - connected, S - static, I - IGRP, R - RIP, M - mobile, B - BGP
　　　D - EIGRP, EX - EIGRP external, O - OSPF, IA - OSPF inter area
　　　N1 - OSPF NSSA external type 1, N2 - OSPF NSSA external type 2
　　　E1 - OSPF external type 1, E2 - OSPF external type 2, E - EGP
　　　i - IS-IS, L1 - IS-IS level-1, L2 - IS-IS level-2, ia - IS-IS inter area
　　　　* - candidate default, U - per-user static route, o - ODR
　　　P - periodic downloaded static route
Gateway of last resort is not set
C 192.168.1.0/24 is directly connected, FastEthernet0/0
C 220.115.1.0/24 is directly connected, Serial2/0
S 220.115.2.0/24 [1/0] via 220.115.1.1

③在路由器 R2 上配置 NAT。

R2#conf t

R2(config)#int fa0/0

R2(config-if)#ip nat inside

R2(config-if)#exit

R2(config)#int se2/0

R2(config-if)#ip nat outside

R2(config-if)#exit

R2(config)#ip nat inside source static 192.168.1.2 220.115.1.3

R2(config)#end

R2#

%SYS-5-CONFIG_I：Configured from console by console

R2#show ip nat translations

Pro Inside global Inside local Outside local Outside global

--- 220.115.1.3 192.168.1.2 --- ---

(2)配置PC

配置外网PC的IP地址信息,如图3-71所示。

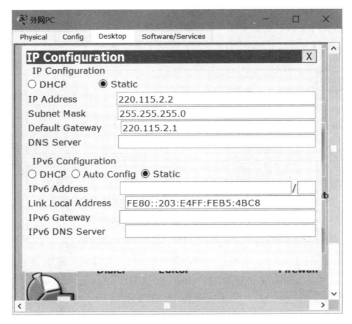

图3-71 "外网PC"IP地址信息配置

(3)测试

在外网PC上的测试结果,如图3-72和图3-73所示。公司内网的PC与外网的PC之间能够访问,并且外网PC通过浏览器能够访问NAT。

图 3-72 "外网 PC"测试结果(1)

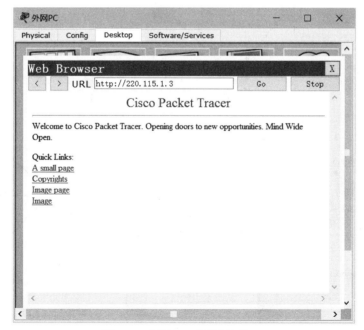

图 3-73 "外网 PC"测试结果(2)

第4章 特色小镇网络配置实例

本章以某特色小镇网络配置设计为实例,主要介绍 IP 访问控制列表的配置和 NAT 的配置。

配置实例

要求:ISP 为某特色小镇分配一个网段,公网 IP 地址为 218.2.135.1/29~218.2.135.6/29。IP 地址 218.2.135.1/29 分配给内网,作为内部 PC 访问外网使用,其他 IP 地址均分配给内部的 3 台服务器使用,内部的 3 台服务器需要提供给外网用户访问,如图 4-1 所示。PC1 和 PC2 属于 vlan 10,PC3 和 PC4 属于 vlan 20。配置信息如表 4-1 所示。

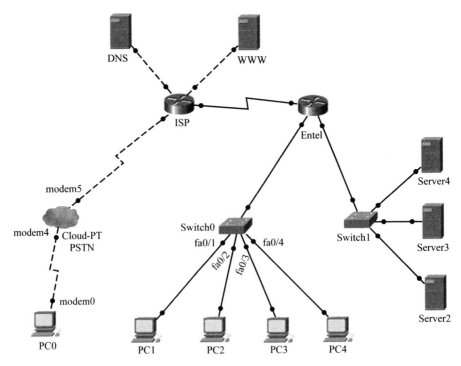

图 4-1 配置案例

第4章 特色小镇网络配置实例

表 4-1 配置信息

PC0	IP 地址:202.1.1.2 子网掩码:255.255.255.0 默认网关:202.1.1.1 DNS:202.1.2.2 调制解调器的端口(Modem0)连接 Cloud-PT 的调制解调器的端口(modem4)	PC1	IP 地址:192.168.1.4 子网掩码:255.255.255.0 默认网关:192.168.1.1 DNS:202.1.2.2 连接 Switch0 的 1 号端口
PC2	IP 地址:192.168.1.3 子网掩码:255.255.255.0 默认网关:192.168.1.1 DNS:202.1.2.2 连接交换机 Switch0 的 2 号端口	PC3	IP 地址:192.168.2.4 子网掩码:255.255.255.0 默认网关:192.168.2.1 DNS:202.1.2.2 连接交换机 Switch0 的 3 号端口
PC4	IP 地址:192.168.2.2 子网掩码:255.255.255.0 默认网关:192.168.2.1 DNS:202.1.2.2 连接交换机 Switch0 的 4 号端口	Server2	IP 地址:192.168.3.2 子网掩码:255.255.255.0 默认网关:192.168.3.1
ISP	端口 fa0/0 管理 202.1.2.1 端口 fa0/1 管理 202.1.3.1 端口 se0/0/0 管理 218.2.135.6	Enter	端口 fa0/0.1 管理 192.168.1.1 端口 fa0/0.2 管理 192.168.2.1 端口 fa0/1 管理 192.168.3.1 端口 se 0/2/0 管理 218.2.135.1 连接交换机 Switch1 的端口 fa0/1 连接交换机 Switch0 的端口 fa0/24
DNS	Gateway:202.1.2.1	WWW	Gateway:202.1.3.1
Server3	IP 地址:192.168.3.3 子网掩码:255.255.255.0 默认网关:192.168.3.1	Server4	IP 地址:192.168.3.4 子网掩码:255.255.255.0 默认网关:192.168.3.1

(1)配置 PC0

为 PC 添加需要的模块,如图 4-2 所示。

● 单击图 4-2 中左侧②处的"PT-HOST-NM-1AM",打开 PC0 的设备操作窗口。

● 单击图 4-2 中①处所示的红色圆点,关闭电源。

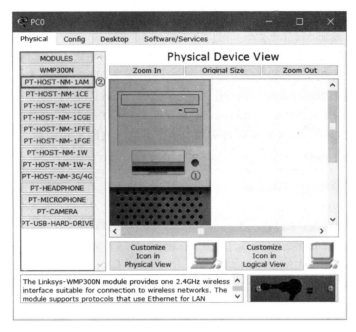

图 4-2 "PC0"配置(1)

● 根据图 4-3 中箭头①的标示,将模块移到指定位置。该模块所在位置为空,如图 4-4 所示。

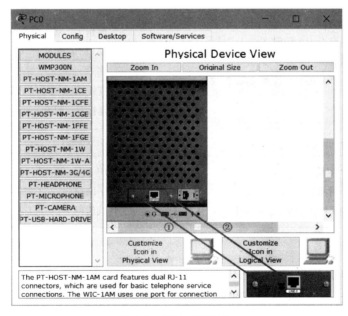

图 4-3 "PC0"配置(2)

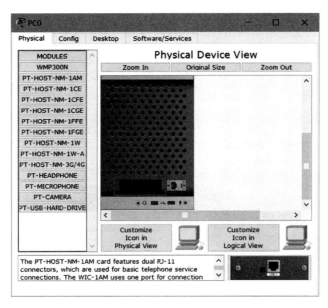

图 4-4 "PC0"配置(3)

● 按箭头②标示方向,将模块拖回,模块添加成功。单击图 4-2 中①处的红色圆点,打开电源。

模块添加成功后,单击"Desktop"标签,单击"Dial-up",如图 4-5 所示。表示 PC0 上面内置的调制解调器可以使用了。

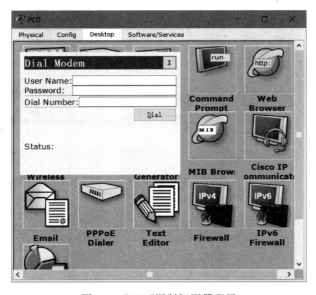

图 4-5 "PC0"调制解调器配置

(2)配置路由器 ISP

为了与公共交换电话网络(PSTN)进行连接,需要在路由器 ISP 上添加模块。

● 关闭路由器 ISP 电源,单击图 4-6 中①标示处。

● 单击图 4-6 中左侧的"WIC-1AM",按照图中箭头所示方向为路由器添加模块,将模块移到图 4-7 中①标示处。

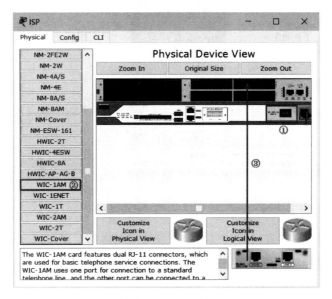

图 4-6 "ISP"配置(1)

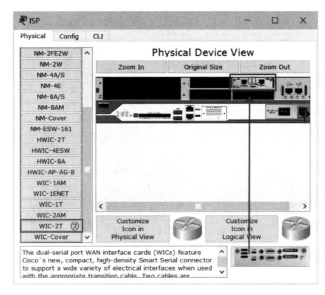

图 4-7 "ISP"配置(2)

● 单击图 4-7 中左侧的"WIC-2T",按照图中箭头所示方向为路由器添加模块。将模块移到图 4-8 中①标示处。添加成功,打开电源。

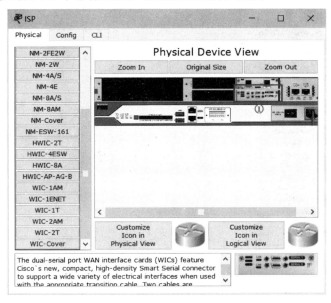

图 4-8 "ISP"配置(3)

(3)配置 PSTN

● 为 Modem4 分配一个电话号码,如图 4-9 所示。Modem4 连接的 PC0,需要为其分配一个电话号码,用来拨号。

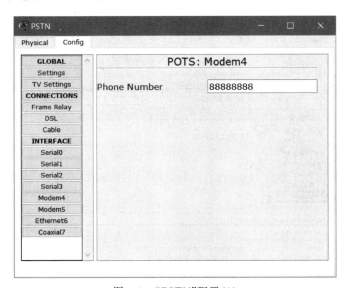

图 4-9 "PSTN"配置(1)

● Modem5 连接的 ISP 的路由器,同样也需要为其添加一个电话号码,如图 4-10 所示。

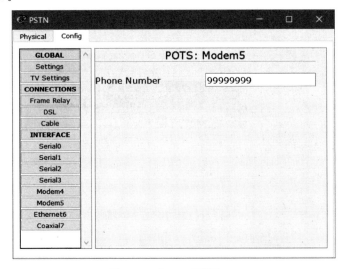

图 4-10 "PSTN"配置(2)

(4)配置路由器 ISP

分别通过静态和动态两种方式获取 IP 地址。

①静态方式。

由于 CPTS 在 CLI 模式下不支持 ISP 配置命令,需要在"Config"模式下进行添加,如图 4-11 所示。

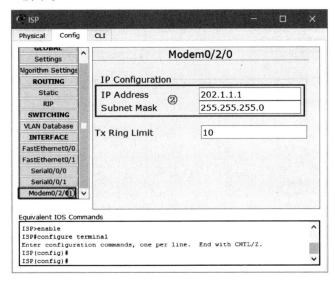

图 4-11 "ISP"配置

- 单击图4-11中①处的"Modem0/2/0",配置IP地址信息,如图4-11中②处所示。
- 进入CLI,输入如下命令。

    ISP(config)#username qaxy password admin   //用于在PC上拨号
    ISP(config)#ip dhcp pool PSTN   //用于调用IP地址,分配给PC
    ISP(dhcp-config)#network 202.1.1.0 255.255.255.0 //为客户机分配IP地址
    ISP(dhcp-config)#default 202.1.1.1   //为客户机分配默认网关
    ISP(dhcp-config)#dns 202.1.2.2   //为客户机指定DNS
    ISP(dhcp-config)#exit
    ISP(config)#ip dhcp excluded-address 202.1.1.1   //删除网关IP地址

- 测试。进入PC0设置界面,单击"Desktop"标签,单击"Dial-up",在用户名(User Name)、密码(Password)处输入刚刚在路由器上面配置的用户名和密码,在拨号(Dial Number)处输入PSTN分配给ISP的电话号码,如图4-12所示。单击"Dial"按钮进行拨号测试,测试结果如图4-13所示,在"Status"处出现"Connected",表示连接成功。

图4-12 "PC0"Dial Modem 配置

②动态方式。
- 修改PC0的IP地址获取方式。单击PC0进入配置界面,单击"IP Configuration",进入IP地址信息配置界面,将IP地址的获取方式由"Static"改成"DHCP",出

现如图 4-14 所示界面，获取 IP 地址成功。

图 4-13　测试结果

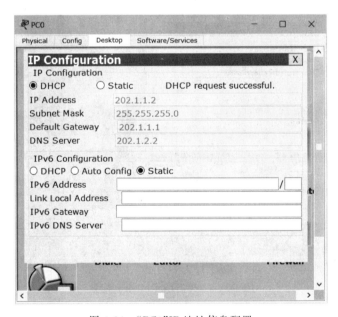

图 4-14　"PC0"IP 地址信息配置

● 配置路由器 ISP。从图 4-14 中可以看出，PC0 已经通过 PSTN 在路由器

ISP 上面获取到了 IP 地址。下面继续在 ISP 将其他的配置完成。

```
ISP(config)#int fa0/0              //连接服务器 DNS
ISP(config-if)#ip add 202.1.2.1 255.255.255.0
ISP(config-if)#no shut
ISP(config-if)#exit
ISP(config)#int fa0/1              //连接服务器 WWW
ISP(config-if)#ip add 202.1.3.1 255.255.255.0
ISP(config-if)#no shut
ISP(config-if)#exit
ISP(config)#int s0/0/0             //连接公司的路由器
ISP(config-if)#ip add 218.2.135.6 255.255.255.248
ISP(config-if)#clock rate 64 000
ISP(config-if)#no shut
ISP(config-if)#exit
ISP(config)#
```

● 路由器 ISP 配置完成后，配置服务器 DNS 和服务器 WWW。

单击服务器 DNS，进入 IP 地址信息配置界面，配置服务器 DNS 的 IP 地址信息，如图 4-15 所示。

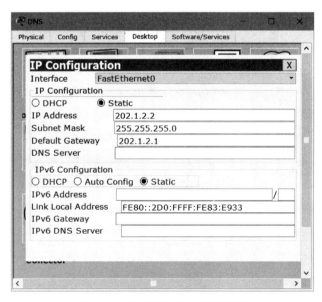

图 4-15 "DNS"IP 地址信息配置

在 DNS 配置界面，单击"Services"标签，进入"DNS"配置界面，如图 4-16 所示。在"DNS Services"栏中,选中"On"单选按钮。

在"Resource Records"栏中添加记录,在"Name"栏中输入域名,在"Address"栏中输入 IP 地址,如图 4-16 所示。共添加 5 个域名解析,如图 4-17 所示。

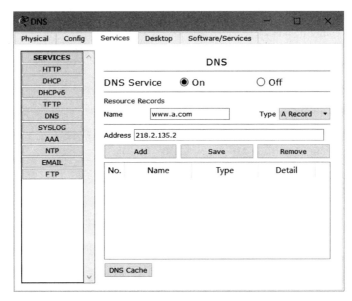

图 4-16 "DNS"配置界面

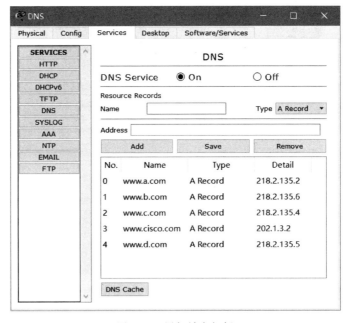

图 4-17 添加域名解析

单击服务器 WWW,进入配置界面,配置服务器 WWW 的 IP 地址信息,如图 4-18 所示。服务器 WWW 的功能默认打开,不用再做其他配置。

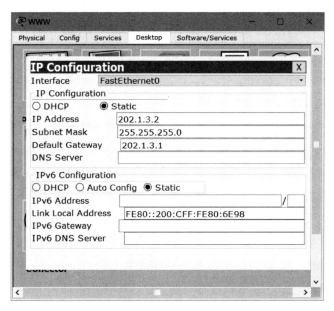

图 4-18 "WWW"IP 地址信息配置

● 测试。单击 PC0,进入 PC0 设置界面,单击"Web Browser",打开浏览器界面,在地址栏输入域名 http://www.cisco.com,如图 4-19 所示。单击"Go"按钮,显示如图 4-20 所示的界面,表示在 PC0 上通过域名 http://www.cisco.com 能够访问服务器 WWW,说明服务器 DNS、WWW、PSTN 配置无误。

图 4-19 测试

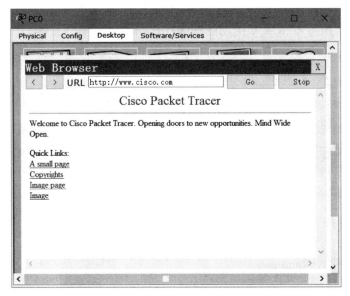

图 4-20 测试结果

(5)配置路由器 enter

与外网进行连接,需要在路由器 enter 上添加模块。

● 关闭路由器 enter 电源,单击图 4-21 中①标示处。

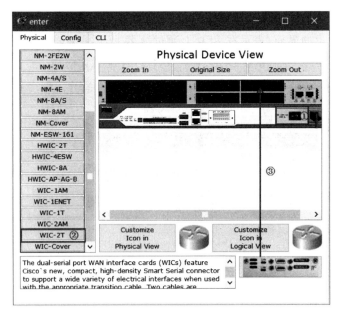

图 4-21 "enter"配置(1)

● 单击图 4-21 中左侧的"WIC-2T",按照图中箭头所示方向为路由器添加模块。将模块移到图 4-22 中①标示处。添加成功,打开电源。

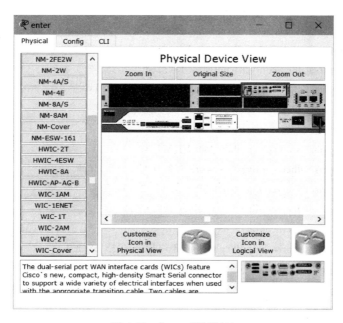

图 4-22 "enter"配置(2)

● 在 CLI 中配置路由器 enter。

　　Router＞en

　　Router#configure terminal

　　Enterprise(config)#int s0/2/0

　　Enterprise(config-if)#ip add 218.2.135.1 255.255.255.248

　　Enterprise(config-if)#no shut

　　Enterprise(config-if)#int fa0/0

　　Enterprise(config-if)#no shut

　　Enterprise(config-if)#exit

　　Enterprise(config)#int fa0/0.1　　　　　　　//设置单臂路由

　　Enterprise(config-subif)#encapsulation dot1Q 10

　　Enterprise(config-subif)#ip add 192.168.1.1 255.255.255.0

　　Enterprise(config-subif)#exit

　　Enterprise(config)#int fa0/0.2

　　Enterprise(config-subif)#encapsulation dot1Q 20

　　Enterprise(config-subif)#ip add 192.168.2.1 255.255.255.0

　　Enterprise(config-subif)#exit

Enterprise(config)#int fa0/1

Enterprise(config-if)#ip add 192.168.3.1 255.255.255.0

Enterprise(config-if)#no shut

Enterprise(config-if)#exit

Enterprise(config)#ip dhcp pool VLAN 10　　//自动为两个VLAN分配IP地址

Enterprise(dhcp-config)#network 192.168.1.0 255.255.255.0

Enterprise(dhcp-config)#default-router 192.168.1.1

Enterprise(dhcp-config)#dns-server 202.1.2.2

Enterprise(dhcp-config)#exit

Enterprise(config)#ip dhcp pool VLAN 20

Enterprise(dhcp-config)#network 192.168.2.0 255.255.255.0

Enterprise(dhcp-config)#default-router 192.168.2.1

Enterprise(dhcp-config)#dns-server 202.1.2.2

Enterprise(dhcp-config)#exit

Enterprise(config)#ip dhcp excluded-address 192.168.1.1

Enterprise(config)#ip dhcp excluded-address 192.168.2.1

Enterprise(config)#access-list 1 permit 192.168.1.0 0.0.0.255　　//设置访问控制列表

Enterprise(config)#access-list 1 permit 192.168.2.0 0.0.0.255

Enterprise(config)#ip nat inside source list 1 interface s0/2/0 overload

//设置NAT,使内网PC能正常访问外网

Enterprise(config)#int s0/2/0

Enterprise(config-if)#ip nat outside

Enterprise(config-if)#exit

Enterprise(config)#int fa0/0

Enterprise(config-subif)#ip nat inside

Enterprise(config-subif)#exit

Enterprise(config)#int fa0/1

Enterprise(config-subif)#ip nat inside

Enterprise(config-subif)#exit

Enterprise(config)#ip route 0.0.0.0 0.0.0.0 s0/2/0　　//设置默认路由

● 交换机Switch0。

Switch(config)#vlan 10　　　　　　　　//创建vlan 10

Switch(config-vlan)#exit

Switch(config)#vlan 20//创建vlan 20

Switch(config-vlan)#exit

Switch(config)#int range fa0/1-2

```
Switch(config-if-range)#sw mo acc
Switch(config-if-range)#sw acc vlan 10    //将 fa0/1 和 fa0/2 两个端口划分到 vlan 10
Switch(config-if-range)#exit
Switch(config)#int range fa0/3 - 4
Switch(config-if-range)#sw mo acc
Switch(config-if-range)#sw acc vlan 20    //将 fa0/3 和 fa0/4 两个端口划分到 vlan 20
Switch(config-if-range)#exit
Switch(config)#int fa0/24                 //端口 fa0/24 连接路由器,并配置成"trunk"
Switch(config-if)#sw mo trunk
Switch(config-if)#exit
```

● 测试。vlan 10 中在 PC1 上测试能否正常获取访问公网的 IP 地址。

修改 PC1 的 IP 地址获取方式。单击 PC1,进入配置界面,单击"Desktop"标签,单击"IP Configuration",进入 IP 地址配置信息界面。将 IP 地址的获取方式由"Static"改成"DHCP",出现如图 4-23 所示界面,获取 IP 地址成功。

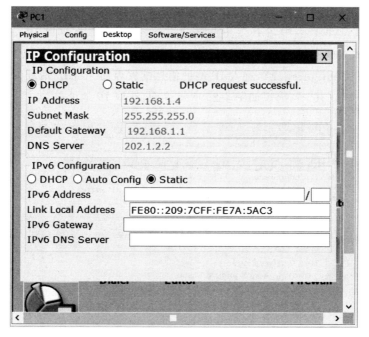

图 4-23 PC1 动态获取公网 IP

在 PC1 配置界面,单击"Web Browser",打开浏览器界面,在地址栏输入域名http://www.cisco.com,单击"Go"按钮,如图 12-24 所示,PC1 通过动态获取 IP 地址后能正常访问公网。

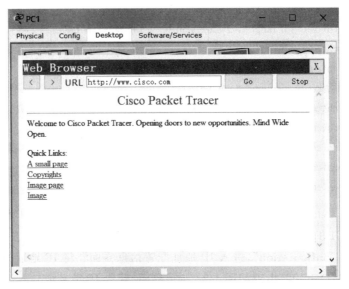

图 4-24　PC1 测试结果

● 测试。vlan 20 中在 PC3 上测试能否正常获取访问公网的 IP 地址。

修改 PC3 的 IP 地址获取方式。单击 PC3，进入配置界面，单击"Desktop"标签，单击"IP Configuration"，进入 IP 地址信息配置界面。将 IP 地址的获取方式由"Static"改成"DHCP"，出现如图 4-25 所示界面，获取 IP 地址成功。

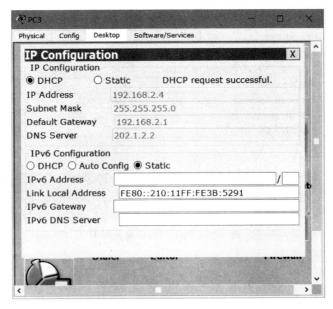

图 4-25　"PC3"IP 地址信息配置

在 PC3 配置界面，单击"Web Browser"打开浏览器。在 URL 栏输入域名 http://www.cisco.com，单击"Go"按钮，如图 4-26 所示，PC3 通过动态获取 IP 地址后能正常访问公网。

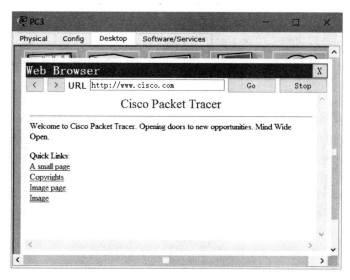

图 4-26　"PC3"测试结果

（6）服务器的设置

① 为服务器 Server2、Server3、Server4 配置 IP 地址信息，如图 4-27、图 4-28 和图 4-29 所示。

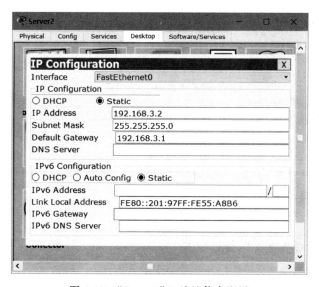

图 4-27　"Server2"IP 地址信息配置

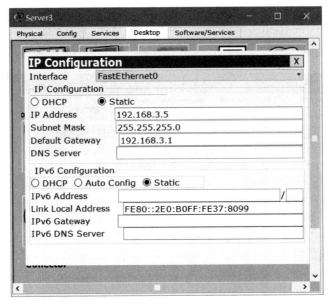

图 4-28 "Server3"IP 地址信息配置

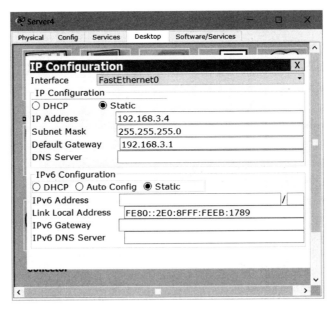

图 4-29 "Server4"IP 地址信息配置

② 在 CLI 中设置 NAT,命令如下。

　　Router(config)#ip nat inside source static 192.168.3.2 218.2.135.2
　　Router(config)#ip nat inside source static 192.168.3.5 218.2.135.5

Router(config)♯ip nat inside source static 192.168.3.4 218.2.135.4

③测试。在 PC0 上进行测试,测试结果如图 4-30、图 4-31 和图 4-32 所示,外网 PC 通过域名能够访问内网服务器。内网 IP、外网 IP 和域名的对应关系如表 4-2 所示。

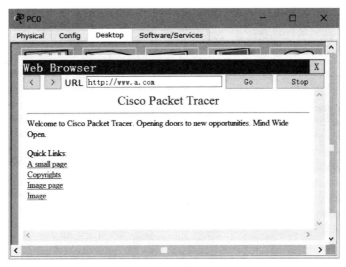

图 4-30 "Server2"测试结果

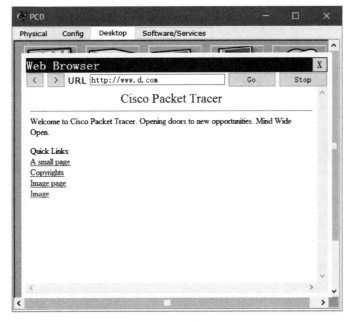

图 4-31 "Server3"测试结果

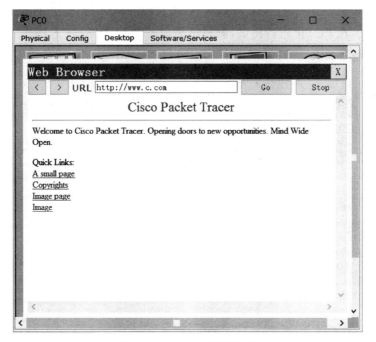

图 4-32 "Server4"测试结果

表 4-2 服务器 IP 对应关系

内网 Server IP	外网 IP	域名
192.168.3.2(Server2)	218.2.135.2	www.a.com
192.168.3.5(Server3)	218.2.135.5	www.d.com
192.168.3.4(Server4)	218.2.135.4	www.c.com

附录A 常用光缆和收发器型号表

常用光缆型号		
光缆型号	具体描述	单位
GYXTW-4A1B	室外中心束管式铠装4芯多模(62.5\125)	m
GYXTW-6A1B	室外中心束管式铠装6芯多模(62.5\125)	m
GYXTW-8A1B	室外中心束管式铠装8芯多模(62.5\125)	m
GYXTW-4B1	室外中心束管式铠装4芯单模(9-125)	m
GYXTW-6B1	室外中心束管式铠装6芯单模(9-125)	m
GYXTW-8B1	室外中心束管式铠装8芯单模(9-125)	m
GYTA-4A1B	室外层绞式铝凯4芯多模(62.5\125)	m
GYTA-6A1B	室外层绞式铝凯6芯多模(62.5\125)	m
GYTA-8A1B	室外层绞式铝凯8芯多模(62.5\125)	m
GYTA-4B1	室外层绞式铝凯4芯单模(9/125)	m
GYTA-6B1	室外层绞式铝凯6芯单模(9/125)	m
GYTA-8B1	室外层绞式铝凯8芯单模(9/125)	m
GYTS-4A1B	室外层绞式铠装4芯多模(62.5\125)	m
GYTS-6A1B	室外层绞式铠装6芯多模(62.5\125)	m
GYTS-8A1B	室外层绞式铠装8芯多模(62.5\125)	m
GYTS-4B1	室外层绞式铠装4芯单模(9-125)	m
GYTS-6B1	室外层绞式铠装6芯单模(9-125)	m
GYTS-8B1	室外层绞式铠装8芯单模(9-125)	m
GYTA53-4A1B	室外层绞式双凯双护套4芯多模(62.5\125)	m
GYTA53-6A1B	室外层绞式双凯双护套6芯多模(62.5\125)	m
GYTA53-8A1B	室外层绞式双凯双护套8芯多模(62.5\125)	m

续表

常用光缆型号

光缆型号	具体描述	单位
GYTA53-4B1	室外层绞式双凯双护套4芯单模(9-125)	m
GYTA53-6B1	室外层绞式双凯双护套6芯单模(9-125)	m
GYTA53-8B1	室外层绞式双凯双护套8芯单模(9-125)	m
MPC-G-VO-4A1B	室内4芯多模(62.5\125)	m
MPC-G-VO-6A1B	室内6芯多模(62.5\125)	m
MPC-G-VO-4B1	室内4芯单模(9-125)	m
MPC-G-VO-6B1	室内6芯单模(9-125)	m

光纤收发器型号表

光纤收发器名称	产品型号	规格	单位
百兆多模光纤收发器	HX-8110MC-2	百兆双纤多模外置,1 310 nm	台
百兆多模光纤收发器	HX-8110SB-MCA/B	百兆单纤多模外置,2 km*(new)	对
百兆单模光纤收发器	HX-8110SA-25	百兆双纤单模外置25 km,1 310 nm	台
百兆单模光纤收发器	HX-8110SA-60	百兆双纤单模外置40~60 km,1 310 nm	台
百兆单模光纤收发器	HX-8110SA-80	百兆双纤单模外置60~80 km,1 310 nm	台
百兆单模光纤收发器	HX-8110SB-25A/B	百兆单模单纤外置,25 km	对
千兆多模光纤收发器	HX-I8110GM	千兆多模内置,850 nm	台
千兆多模光纤收发器	HX-I8110GM	千兆多模内置,1 310 nm	台
千兆单模光纤收发器	HX-I8110GS-10	千兆单模内置10 km,1 310 nm	台

机架型号表

机架名称	产品型号	规格	单位
16槽机架	HX-816-1A/B	16槽单电源,220 V/-48 V	台
16槽机架	HX-816-2A/B	16槽双电源,220 V/-48 V	台
14槽机架	HX-814-1A/B	14槽单电源,220 V/-48 V	台
14槽机架	HX-814-2A/B	14槽双电源,220 V/-48 V	台
17槽机架	HX-817-2A/B	铝制17槽双电源,220 V（配千兆插卡式收发器和网管型卡式收发器）	台

附录B 19英寸规范标准机柜尺寸表

<table>
<tr><th colspan="3">19 in 规范机柜尺度</th></tr>
<tr><th>称号</th><th>类型</th><th>规范尺度/mm</th></tr>
<tr><td rowspan="6">标准机柜</td><td>18 U</td><td>1 000×600×600</td></tr>
<tr><td>24 U</td><td>1 200×600×600</td></tr>
<tr><td>27 U</td><td>1 400×600×600</td></tr>
<tr><td>32 U</td><td>1 600×600×600</td></tr>
<tr><td>37 U</td><td>1 800×600×600</td></tr>
<tr><td>42 U</td><td>2 000×600×600</td></tr>
<tr><td rowspan="7">服务器机柜</td><td>42 U</td><td>2 000×800×800</td></tr>
<tr><td>37 U</td><td>1 800×800×800</td></tr>
<tr><td>24 U</td><td>1 200×600×800</td></tr>
<tr><td>27 U</td><td>1 400×600×800</td></tr>
<tr><td>32 U</td><td>1 600×600×800</td></tr>
<tr><td>37 U</td><td>1 800×600×800</td></tr>
<tr><td>42 U</td><td>2 000×600×800</td></tr>
<tr><td rowspan="5">壁挂机柜</td><td>6 U</td><td>350×600×450</td></tr>
<tr><td>9 U</td><td>500×600×450</td></tr>
<tr><td>12 U</td><td>650×600×450</td></tr>
<tr><td>15 U</td><td>800×600×450</td></tr>
<tr><td>18 U</td><td>1 000×600×450</td></tr>
</table>

19英寸规范机柜内设备装置所占高度用单位"U"表明,"U"是一种表明效劳器外部尺度的单位,是 Unit 的缩略语,由美国电子工业协会(EIA)决议。1 U=44.45 mm。规则的尺度是效劳器的宽(48.26 cm=19 in)与高(4.445 cm 的倍数)。运用 19 英寸规范机柜的设备面板通常都是按 n 个 U 的规范制作,即 42 U 是内部运用空间能够到达 42 U。

挑选效劳器机柜的空间考量,步骤如下。

①列出一切装在机柜内的设备和它们完好的丈量数据:高、长、宽、分量。归纳这些设备的体积及空间占用,结果决定挑选多高的机柜。明显,高的机柜能装进更多的设备,并且更省空间。

②挑选机柜除了考虑机柜的高度,还要考虑机柜的深度。挑选较深的机柜,能够将两套设备背靠背装进去,也能装置更多的设备。

③在核算完了机柜空间(以 U 或 1.75 in 为单位)之后,还要思考机柜的余量。向机柜中安装设备忌讳装完设备没有任何余量。所以,作为一条基本原则,核算完空间后机柜高度要多出 20%～30%的余量,以备扩容。此外这些空间也改进了设备的通风条件。

附录 C Linux 配置命令

1. 系统操作命令

①Shutdown 关闭或重启系统,选项如下。

　　-rnow:重启系统。

　　-r ＋15:设置 15 min 后自动重启系统。

　　-h:关闭系统。

　　-c:管理员在另一个终端登录后执行命令进行取消。

②halt 关闭系统,仅当系统的运行级(runlevel)为 0 或 6 时使用此命令,选项如下。

　　-p:关闭系统同时关闭主机电源。

　　-n:在关机前不做将记忆体资料写回硬盘的动作。

　　-f:强迫关机。

　　-w:把记录写到 /var/log/wtmp 档案里。

③reboot 用于重启系统,等同于 shutdown -r now。

④help 获得 shell 内部的帮助信息,选项如下。

　　-s:输出短格式的帮助信息。

⑤man 查看命令的正式文档,如命令帮助、配置文件帮助和编程帮助等信息,选项如下。

　　-file:以在线帮助形式显示文档。

　　-ls:查看部分文档。

⑥info 获取在线帮助信息,是 man 命令的详细内容。

2. 目录操作命令

①pwd 查看当前的工作目录。

②cd 切换工作目录。

③ls 列表显示目录内容,选项如下。

-l:以长格式显示,包括权限、大小、更新时间等详细信息。
-a:显示所有(all)子目录和文件的信息,包括名称以点号.开头的隐藏文件。
-d:显示目录(directory)本身的属性,而不是显示目录中内容。
-A:与-a 相似,有两个特殊隐藏目录不会显示,即当前目录和父目录。
-h:显示 human 的方式目录或文件的大小,单位为 kB、MB。
-R:以递归(recursive)的方式显示目录或文件的大小。

④mkdir 用于创建新目录。

⑤du 用于统计指定目录或文件所占磁盘空间的大小,选项如下。

-a:统计磁盘占用时间所有文件,而不是仅仅只统计目录。
-h:人性化的方式显示统计结果,默认的大小单位为字节,单位为 kB、MB。
-s:统计每个参数所占用总(summary)的空间大小。

3. 文件操作命令

①touch 新建文件夹。

②file 查看文件类型。

③cp 复制文件或目录,选项如下。

-f:覆盖目标同名文件或目录时不进行提醒,直接强制复制。
-i:覆盖目标同名文件或目录时提醒用户确认(交互式)。
-p:复制时保持(preserve)源文件的权限,源目录或文件的属性不变。
-r:复制目录时必须使用此选项,表示递归复制所有文件及子目录。

④rm 删除文件或目录,选项如下。

-f:删除文件或目录不进行提醒,直接强制删除。
-i:删除文件或目录时提醒用户确认。
-r:删除目录时必须使用此选项,表示递归删除整个目录树。

⑤mv 移动文件或目录。

⑥which 查找 Linux 命令文件并显示所在的位置(echo ＄spath)。

⑦find 查找文件或目录,选项如下。

--name:按名称查找,如果按目标文件的部分名称查找,添加通配符"＊"或"?"。
--size:按文件大小查找,如果按目标文件的大小进行查找,使用"＋""-"符号设置超过或小于指定的大小的文件作为查找条件,容量单位为 kB、MB、GB。
--user:按文件是否属于目标用户进行查找。
--type:按文件类型查找,普通文件为 f,目录为 d,块设备文件为 b,字符设备文件为 c。

⑧ln 为文件或目录建立链接,链接文件分为符号链接和硬链接,默认为硬链接。

4. 文件内容操作命令

①cat 显示并连接文件内容。
②more 和 less 分页查看文件内容。
③head 和 tail 查看文件开头或末尾的部分内容。
④wc 统计文件内容中的单词数量等信息,选项如下。

  -c:统计文件内容中的字节数。
  -l:统计文件内容中的行数。
  -w:统计文件内容中单词的个数。

⑤grep 检索过滤文件内容,选项如下。

  -i:查找内容时忽略大小写。
  -v:反转(invert)查找输出与查找条件不相符的行。

5. 归档及压缩命令

①gzip 和 bzip2 制作压缩文件或解开已压缩的文件。
②tar 制作归档的文件或释放已归档的文件,选项如下。

  -c:创建.tar 格式的包文件。
  -C:解包时指定释放的目标文件。
  -f:表示使用归档文件。
  -j:调用 bzip2 程序进行压缩或解压。
  -p:打包时保留文件及目录的权限。
  -t:列表查看包内的文件。
  -v:输出详信息。
  -x:解开.tar 格式的包文件。
  -z:调用 gzip 程序进行压缩或解压。

6. vi 编辑器的工作模式

①vi 编辑器的工作模式有命令模式、输入模式和末行模式。
模式切换:
a:在当前光标位置之后插入内容;
A:在光标所在行的末尾(行尾)插入内容;
i:在光标位置之前插入内容;
I:在光标所在行的开头(行首)插入内容;
o:在光标所在行的后面插入内容;

○:在光标所在行的前面插入内容。

②mkdir -p /media/cdrom:建立光盘挂载位置。

③mount dev/cdrom /media/cdrom:挂载光盘设备文件。

④rpm 可以安装 rpm,选项如下。

  -i:在当前系统中安装一个新的 rpm 软件包。

  -e:卸载指定名称的软件包。

  -U:检查并升级系统中的某个软件包,若该软件包原来并未安装,则等同于-i。

  -F:检查并更新系统中的某个软件包,若该软件包原来未安装,则放弃安装。

  --force:强制安装某个软件包,当需要替换现已安装的软件包及文件,或者安装一个比当前使用的软件版本更旧的软件时,可以使用此选项。

  --nodeps:在安装、升级或卸载一个软件包时,不检查与其他软件包的依赖关系。

  -h:在安装或升级软件包的过程中,以"#"号显示安装进度。

  -v:显示软件安装过程中的详细信息。

7. 用户账号管理

①passwd 为用户修改密码,选项如下。

  -d:清空指定用户的密码,仅使用用户即可登录系统。

  -l:锁定用户账号。

  -S:查看用户账户的状态。

  -u:解锁用户账户。

passwd qaxy 为用户 qaxy 修改密码。

head -2 /etc/shadow 查看"/etc/shaow/"文件中的前两行、后两行内容。

②useradd 添加用户账号选项如下。

  -u:指定用户的 UID 号,要求该 UID 号码未被其他用户使用。

  -d:指定用户的宿主目录位置。

  -e:指定用户的账户失效时间,可使用 YYYY-MM-DD 的日期格式。

  -g:指定用户的基本组名(或使用 GID)。

  -G:指定用户的附加组名(或使用 GID)。

  -M:不建立使用者目录,即使/etc/login.defs 系统设定要建立使用者目录。

  -s:指定用户的登录 shell。

useradd qaxy 建立 qaxy 用户信息。

③usermod 修改用户账号属性,选项如下。

  -u:修改用户的 UID 号。

  -d:修改用户的宿主目录位置。

  -e:修改用户的账户失效时间,可使用 YYYY-MM-DD 的日期格式

-g:修改用户的基本组名(或使用 GID 号)。

-G:指定用户的附加组名(或使用 GID 号)。

-M:不建立使用者目录,即使/etc/login.defs 系统档设定要建立使用者目录。

-s:指定用户的登入 shell。

-G:修改用户的附加名(或使用 GID 号)。

-M:不为用户建立并初始化宿主目录。

-s:指定用户的登录 shell。

-l:更改用户账户登录的名称。

-L:锁定用户账户。

-U:解锁用户账户。

④userdel 删除用户账号。

userdel qaxy 删除系统中的用户账号 qaxy,但是保留其宿主目录。

8. 组账号管理

①ID 可以查看当前用户所对应的基本组、附加组信息。

②grep "^root" /etc/group 查看组账号 root 包含的用户账户成员。

③grep "root" /etc/group 查看用户成员包含有 root 的组账号。

④groupadd 添加组账号。

⑤groupadd qaxy1 创建组账号 qaxy1

⑥tail -1 /etc/group 查看/etc/group 文件中的变化。

⑦gpasswd 添加、删除组成员,选项如下。

-a:指定组账号添加成员。

-d:删除指定组用户成员。

-M:使用时可以同时添加多个用户。

⑧groupdel 删除组账号。

⑨groupdel class1 将用户账号 class1 从组账号 root 中删除。

9. 用户和组账号查询

group 查询某个用户账号所属的组。

finger 查询用户账号的详细信息。

user、w、who 查询当前登录到主机的用户信息。

10. 管理文件(目录)的权限和归属

(1)设置文件/目录的归属

chown [选项]属主[:[属组]] 文件或目录...

通过 chown 改变文件的拥有者和群组。在更改文件的所有者或所属群组时，可以使用用户名称和用户识别码设置。选项如下。

  -c：显示更改部分的信息。
  -f：忽略错误信息。
  -h：修复符号链接。
  -R：处理指定目录以及其子目录下的所有文件。
  -v：显示详细的处理信息。
  --deference：作用于符号链接的指向，而不是链接文件本身。

(2) 管理磁盘和文件系统

fdisk 创建和维护分区表，选项如下。

  -l：列出所有分区表。
  -u：与-l搭配使用，显示分区数目。
  -n：新建分区。
  -p：选择创建主分区。
  -e：选择创建扩展分区（结束位置或大小可以使用 +sizem 或 +sizek）。
  -d：删除分区。
  -t：变更分区类型。
  -w、-q：退出 fdisk 分区工具。

partprobe 使操作系统获知新的分区表情况。

(3) 管理文件系统

mkfs -t 按文件系统类型分区设备。

mkfs -t ext3 /dev/sdb1 在/dev/sdb1 分区中创建 ext3 文件系统。

mkswap 创建交换分区。

fdisk -l /dev/sdb | grep swap 确认新建立的 swap 分区的设备文件位置，并将其格式化为 swap 交换文件系统。

(4) 挂载、卸载文件系统

mount [t(文件系统类型)] 存储设备挂载点。

umont 卸载/dev/cdrom。

eject 弹出光盘驱动器。

df 使用文件或者设备作为命令参数，选项如下。

  -h：显示易读的容量单位。
  -T：显示对应文件系统的类型。

11. 设置磁盘配额

(1) 支持配额功能的方式挂载文件系统

mount -o usrquota,grpquota /dev/sdb1 /mailbox

mount | grep "quota"

chmod 1777 /mailbox/ 测试需要,允许用户写入数据。

(2)检测磁盘配额并生成配额文件

quotacheck -augcv 检查当前系统所有分区中的磁盘配额信息,并在可用的文件系统中建立配额文件。选项如下。

　　-a:表示扫描所有分区。
　　-u、-g:表示检测用户和组配额信息。
　　-c:表示创建新的配额文件。
　　-v:表示显示命令执行过程中的细节信息。

(3)编辑用户和组账号的配额设置

edquota -u qaxy 使用 edquota 编辑 qaxy 用户的配额设置。

(4)启动文件系统的磁盘配额功能

quotaon -ugv /mailbox 启用/mailbox 文件系统的用户、组磁盘配额功能,输出命令执行过程信息。

(5)验证磁盘配额功能

dd if=/dev/zero of=/mailbox/ddtest.data bs=1 MB count=4 从设备/dev/zero 中复制数据到 ddtest.data 文件,读取 4 个 1 MB 的数据块。

dd 设备转换和复制命令。

if 指定输入设备或文件。

of 指定输出设备或文件。

bs 指定读取数据块的大小。

count 指定读取数据块的数量。

(6)查看用户或分区的配额使用情况

quota -uqaxy 和 quota -g users 分别查看用户账号(qaxy)、组账号(users)的磁盘配额使用情况。

12. LVM 逻辑卷管理

(1)PV 物理卷管理

pvscan 用于显示系统中的所有物理卷。

pvcreate 用于将分区或整个硬盘转换成物理卷。

pvdisplay 用于显示物理卷的详细信息。

pvremove 用于将物理卷还原普通分区或磁盘。

(2)VG 卷组管理

vgscan 扫描当前系统中建立的 LVM 卷组,并显示相关信息。

vgcreate 用于将一个或多个物理卷创建为一个卷组。

vgdisplay 用于显示系统中各卷组的详细信息。
vgremove 用于删除指定的卷组。
vgextend 用于扩展卷组的磁盘空间。
(3)LV 逻辑卷管理
lvscan 扫描当前系统中建立的逻辑卷,并显示相关信息。
lvcreate 创建逻辑卷,选项如下。

  -L:容量大小。

  -n:逻辑卷名/卷组名。

lvdisplay 用于显示逻辑卷的详细信息。
lvextend 用于动态扩展逻辑卷的空间。
lvextend -L ＋大小 /dev/卷组名/逻辑卷名。
lvremove 用于删除指定的逻辑卷,直接使用逻辑卷的设备文件作为参数即可。

13.管理进程和计划任务

runlevel 查看系统的运行级别。
init 3 运行级别 3,由图形模式切换为字符模式。
init 0 关闭当前系统。
init 6 重启当前系统。
ntsysv 配置工具,可以在字符模式中运行,为用户提供交互操作的界面。
chkconfig 配置工具与--list 配合使用,可以查看特定服务在不同运行级别中的启动状态。

14.查看进程

ps 查看静态的进程统计信息,选项如下。

  -a:显示当前终端下的所有进程信息。

  -u:使用以用户为主的格式输出进程信息。

  -x:显示当前用户在所有终端下的进程信息。

  -e:显示系统内的所有进程信息。

  -l:使用长格式(long)显示进程信息。

  -f:使用完整的(full)格式显示进程信息。

top 查看进程动态信息,选项如下。

  p 键:根据 CPU 占用情况对进程列表进行排序。

  M 键:根据内存占用情况进行排序。

  N 键:根据启动时间进行排序。

h 键:可以获得 top 程序的在线帮助信息。
　　q 键:可以正常地退出 top 程序。

pgrep 查询进程信息。
pstree 查看进程树。
wget 下载。
kill、killall、pkill 终止进程。
at 一次性任务设置 Ctrl+D 提交任务。
date 确认当前系统时间。
crontab 周期性任务设置,选项如下。
　　-e:编辑计划任务列表。
　　-u:指定所管理的计划任务属于哪个用户,默认时针对用户是自己,只有 root 用户有权限使用此选项。
　　-l:列表显示计划任务。
　　-r:删除计划任务列表。

15. 编写 shell 管理脚本

!wh 调用历史中最近一次以 wh 开头的命令并执行。
history 查看历史命令列表。
alias 别名。
free -m 以 MB 为单位显示信息。
DAY=Sunday 新建立一个名为 DAY 的变量,初始内容设置为 Sunday。
ehco 查看和引用变量的值。
read 可以从终端读取输入。
export 设置变量的作用范围。
unset 清除自定义变量。
expr 数值变量的运算。
set 查看环境变量。
for 循环语句。
do 取值。
done 结束。
if 如果。
then 然后。
else 条件为假。
fi 结束。
while 循环语句。

do 命令序列。

done 结束。

true 真。

false 假。

until 循环。

case 适用于需要进行多重分支的应用情况。

test 条件测试,选项如下。

  -d:测试是否为目录(directory)。

  -e:测试目录或文件是否存在(exist)。

  -f:测试是否为文件(file)。

  -r:测试当前用户是否有权限(read)。

  -w:测试当前用户是否有权限写入(write)。

  -x:测试当前用户是否可执行(excute)该文件。

  -L:测试是否为符号连接(link)文件。

shift 位置变量。

16. 循环控制语句

break(中断)用于跳出当前所在的循环体,但是并不退出程序。
continue(继续)用于暂停本次循环,跳转至循环语句的顶部重新测试条件。

17. 系统故障分析与排查

who 用于查询 utmp 文件报告当前登录的每个用户信息。
w 用于查询 utmp 文件并显示当前系统中的每个用户及其所运行的进程信息。
users 用单独的一行打印出当前登录的用户,每个显示的用户名对应一个登录会话。
last 用于查询 wtmp 文件,显示自该文件被创建以来登录过的所有用户记录。
ac 用于查询 wtmp 文件中的用户登录和退出情况,选项如下。

  -d:可以按每天进行统计。

  -p:进行分别统计。

uptime 显示主机运行时间、登录的用户数、CPU 平均负载等信息。
vmstat 用于报告系统虚拟存储使用情况。
mpstat 查看与进程相关的统计数据。
free 用于显示系统的物理内存和交换空间的使用情况。